JN111255

# 相続の事前と事後の準備・手続・対策がよくわかる本

生前贈与　　遺言書　　遺留分　　財産評価

遺産分割協議書　　節税　　延納・物納　　など

知っておくべきことが満載！

税理士・行政書士
社会保険労務士
吉田信昭

# はじめに

　人が亡くなると「相続」が始まります。

　ほとんどの方は「相続」という状況に自分事として関わることは一生の間に1〜2回あるかどうかの問題でしょう。それだけに、「相続」の出来事をどのように解決していけばよいのか悩まれる方が多いのも事実です。

　人は皆、多かれ少なかれ先人から有形無形の財産を受け継ぎ、人それぞれの人生を歩みながら、それらを増加もしくは減少させ、後世に遺していくのが自然の摂理でしょう。

　このように人の一生を終えた人から、次の世代へバトンを渡すときに生じる出来事が「相続」です。

　その人名義の不動産があれば相続登記を行わなければならず、金融資産等の名義変更も必要であり、また一定額以上の財産があれば、相続税の申告も必要となります。

「法律(民法や相続税法)は相続をどう規定しているのか?」「相続財産の評価や相続税はどのくらいなのか?」「遺言書の種類や作成方法は?」「相続財産の分け方は?　誰に?　どのくらい引き継げるの?」等々、不明点や疑問点が多くあるのも「相続」の特徴です。

　本書は、この「相続」に関することをメインテーマとする書籍として作成しました。「贈与」も「相続」の前倒し行為として認識され、いずれも人から人への無償による財産移転行為なので、両分野の内容をテーマとして取り扱っています。

　相続・贈与は、主に2つの法律が関係しています。それは「民法」と「相続税法(補完税としての贈与税を含む)」です。略して言うなら、「民法は財産の引き継ぎ方」に関することを定めており、「相続税法は引き継いだ財産に係る相続税・贈与税」に関することを定めています。

　法律や税金の世界では、条文の解釈はもとより、理解するのに難解な表現が多いので、本書ではその内容について正確さを保ちつつ、できる

だけわかりやすく説明し、一般の方々に理解していただけることを目的として表現しました。

　ただし、相続財産の中には、土地や土地の上にある権利の評価、および非上場株式(同族会社の株式等)の評価など難解なものも多く、相続人もさまざまな方がおられ、相続事案の内容は一件ごとに異なることから、その内容は複雑になる場合も多くあります。

　こうした状況にある相続の分野において、私の過去の実務経験などからここだけは押さえておかなければというポイントを示すために難解な部分であっても若干は言及せざるを得ませんでした。

　また、今後の民法や税制の改正動向も十分にご注意いただき、具体的な対策を行う際には、必ず弁護士や税理士などの専門家および税務当局などにも確認するようにしてください。

　本書は、私が永年税理士業務の一環として相続に関する相談対応や相続(贈与)税申告を行ってきた経験から、相続する人・される人それぞれの立場に立って「相続」という出来事を総括しています。

　相続発生前の準備・対策および発生後の手続・対策、これらの知識が有るか無いか、これらを実行できるかできないかでは、相続税の税額や争族トラブル発生頻度に大きな差が生じるのです。

　円満な相続手続や無駄のない相続税、スムーズな納税手続のため、それらに対し必要と思われる知識や情報を横断的にわかりやすくまとめ上げたのが本書の特徴です。

　本書が「相続」というテーマに関心のある方々、あるいはご自身もしくはご家族の相続を考えるきっかけとして、円満な相続の準備や対策作りに、または事後手続の手引きとして、少しでも多くの方々のお役に立てることを心より願っています。


　　2023年6月30日

税理士・CFP・行政書士
社会保険労務士　吉田信昭

# 目次

**第2章　相続税・贈与税の税制ルールの基礎を学ぼう！**

第3章　**事前の準備と対策をできることから始めよう！**

## Ⅲ 相続発生前に確認すべきその他の情報と手続き ………… 168

## 第4章 事後の手続きと対策はスピーディーに実行しよう！

## Ⅰ 相続発生後に行う標準的な手続きと対策 ……………… 174

第1章

# 相続・贈与の民法ルールの基礎を学ぼう！

# I 相続の発生と相続人の確定

## 1. 相続の開始はいつなのか？

……相続財産の確定する日として重要です

「相続は、死亡によって開始する」（民法882）。民法では相続の開始を
こう規定しています。

戦前の民法は家督相続の制度のもと、相続の主眼が「家」でした。そ
のため、「家長が隠居して長男が家を受け継ぐ」という形で、生前に相
続を開始することも認めていました。現行民法ではこれを否定していま
す。家ではなく「個人」に相続の主眼を置くようになり、被相続人（亡
くなった人）の死亡を相続開始の唯一の原因としました。

ここで問題になるのが相続開始の「時期」です。通常は被相続人の死
亡と同時に相続開始となりますが、いつ死亡したのか、その時期は常に
明らかというわけではありません。

たとえば、さまざまな理由で行方知れずとなり、生死不明の状態が続
いたときがそうです。そのようなときに行われる「**失踪の宣告**」（民法
30）では、「**普通失踪**」と「**特別失踪**」のケースをもって死亡とみなす
ことを決めています。それぞれの解釈は次のとおりです。

①普通失踪……生死が7年以上明らかでない場合

②特別失踪……水難、地震、火災などの危難に遭遇し、その後生死が1
年以上明らかでない場合

上記2つのケースに直面した際、利害関係者（不在者の配偶者、相続人、
財産管理人など）が家庭裁判所に申し立てを行い、失踪宣告を受けるこ
とによって法律上、死亡は確定します。**普通失踪は生死不明から7年間
が満了したとき**、**特別失踪は危難が去ったとき**に死亡したとみなされ、
相続開始となります。

特別失踪の例では、遺体が見つからず死亡を確定できないことも考えられるでしょう。その場合、調査に当たった警察や消防などが死亡を認定できる制度があり、これを「**認定死亡**」（戸籍法89）と呼びます。認定死亡によって**戸籍に死亡日が記載される**ため、前述した失踪宣言の手続きを踏む必要がなく、同日より相続開始となります。

　加えて、複数の人が同時に死亡したケースを想定した「**同時死亡**」（民法32の2項）も頭に入れておきましょう。たとえば、自宅が火事で燃えて親と子が死亡し、2人の死亡時刻の前後が明らかでないときは同時に死亡したと推定するというものです。この場合、親子の間には相続は発生しません。ただし、孫がいる場合は子に代わって（P18「代襲相続」参照）、孫が財産を相続することになります（民法887）。

### ■ 相続開始の「場所」も重要なポイント

　民法では、「相続は、被相続人の住所において開始する」（民法883条）と規定しています。

　相続や遺言などに関して相続人同士の争いに発展することは少なくありません。また相続放棄など各種手続きの際は裁判所に申し立てを行わなければなりません。

　このとき、相続放棄・限定承認の申述あるいは遺言書の検認等の相続に関する手続きなどは「**被相続人の住所**」を基準とし、具体的には「被相続人の住所地を管轄する家庭裁判所に申し立てる」（家事事件手続法191）としています。

　たとえば、親が北海道に住み、子どもたちは関東、九州などそれぞれ別の地域で暮らしていることは往々にしてあります。親が亡くなり相続開始となった場合には、相続人となる兄弟姉妹は迷わず北海道の該当地域の家庭裁判所で訴訟や手続きを行えばよいのでスームズに進みます。裁判所を決定する基準がなかったら、兄弟姉妹で余計なトラブルに発展しかねないでしょう。ただし、調停事件は相手方の住所地を管轄する家庭裁判所、または当事者が合意で定めた家庭裁判所に申し立てることに

なります。

　ちなみに「**審判**」とは、裁判所において使われる言葉で、ある事件を審理して判断を下すことです。また、「**調停**」とは第三者が当事者の間に入ることによって紛争の解決を図り、裁判のように勝ち負けを決めるのではなく、話し合いで双方が合意する手続きです。調停が成立しなかった場合は審判に移行するケースもあります。

## 2. 相続人になれる人、なれない人は？

　……法律上、誰が相続手続きを引き継げるの？

　相続人とは、人が亡くなったとき、その財産を引き継ぐ人のことを指します。民法では相続人を厳格に定めています。

　民法で定められている相続人のことを略して「**法定相続人**」と呼び、相続できる人を法で定めています。

　相続が発生したとき、法定相続人には優先順位があります。条件とあわせて見ていきましょう。

　大前提として、被相続人に配偶者がいれば、配偶者は必ず法定相続人になります。ただし、この配偶者は戸籍上の届出をしている者に限られており、内縁の妻または夫は該当しません。すなわち法律上、夫婦として認められていない内縁の配偶者は法定相続人にはなれないのです。

### ■ 被相続人の子どもは第1順位の法定相続人

　子どもは人数、立場、血縁があるかどうかは関係ありません。子どもが何人いても、先妻または後妻との間の子でも、養子でも法定相続人になります。法律上、婚姻関係のない男女から生まれた子＝非嫡出子であっても、認知されていれば該当します。

　子どもがいなければ被相続人の父母（直系尊属）が第2順位、父母がいなければ被相続人の兄弟姉妹が第3順位の法定相続人になります（民法889）。

　まとめるとこうです。

・大前提　被相続人の配偶者は常に法定相続人
・第1順位　被相続人の子ども
・第2順位　被相続人の父母（直系尊属）
・第3順位　被相続人の兄弟姉妹

　被相続人に子どもがいる場合、配偶者と子どもが第1の法定相続人です。その際、被相続人の父母および兄弟姉妹は法定相続人にはなりません。子どもがいなかった場合でも、次に優先される父母（直系尊属）が健在であれば父母（直系尊属）が法定相続人となり、兄弟姉妹は法定相続人にはなりません。子どもも父母もいなかった場合に、次の順位の兄弟姉妹が法定相続人となります。

　このように、法定相続人になれる人、なれない人は親族の状況によって違ってくるのです。

## 法定相続人の順位

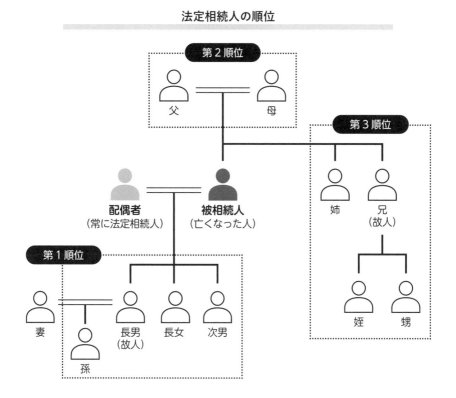

## 3. 相続発生時の胎児の権利能力と相続権

 ……胎児は相続できるの？

　相続が発生したとき、被相続人の配偶者が妊娠中だったとします。その際、お腹の中にいる胎児の取り扱いをご存じでしょうか。

　民法では、「相続に関する胎児の権利能力」（民法886）と題し、次のように規定しています。

1. 胎児は、相続については、既に生まれたものとみなす。

2. 前項の規定は、胎児が死体で生まれたときは、適用しない。

　相続開始時に配偶者が妊娠していた場合、胎児を既に生まれたものとみなし、相続権を認めるというのが本条1項です。これによって兄弟姉妹との間で不公平は生じません。生まれたものとみなされる胎児は後述する代襲相続人（P18参照）になることもできます。ただし、死産の場合はその規定は無効です（民法886の2項）。あくまで無事に生まれてくることを前提条件としています。要するに、胎児が実際に生まれるまでは相続権を持たず、出生することで初めてその権利能力を有し、相続開始のときまで遡って認められるという意味合いです。

　民法では「胎児は生まれたものとみなす」のに対し、**税法では**申告の際に**「胎児は生まれていないものとする」**とし、実在する相続人で課税するという考えですが、生まれると納税額が0となる場合などは、国税庁の通達があります。民法と税法の考え方の違いを注意しましょう。

## 4. 相続人の欠格事由と推定相続人の廃除

 ……相続人にふさわしくない人、除かれる人は？

　相続人の地位は確約されるものではありません。相続人であっても、相続権を奪われてしまうこともあります。民法で規定する「相続人の欠格事由」（民法891）と「推定相続人の廃除」（民法892）がそのケースを示しています。

## ■ 相続人の欠格事由とは？

　相続人の**欠格事由**は、重大な不正行為を行った者に対する制裁として相続権を奪う制度です。重大な不正行為とは、次に挙げる事柄を指します。

・被相続人や他の相続人（先順位者、もしくは同順位者）を故意に死亡させ（または死亡させようとして）刑に処せられた者
・被相続人が殺されたと知りながら告発・告訴しなかった者
・詐欺または脅迫により、被相続人が遺言をし、撤回し、取り消し、または変更することを妨げた者、あるいはさせた者
・遺言書を偽造、変造、破棄するなど被相続人の自由な意思による遺言の作成を隠匿した者

　該当する事実があれば、相続権を失います。何らかの手続きは必要なく、即時に相続権はなくなります。

## ■ 推定相続人の廃除とは？

　推定相続人の**廃除**は、先の欠格事由には至らないものの、後述する廃除の事由に当たったとき、被相続人が家庭裁判所に申し立てて推定相続人の相続権を奪う制度です。**推定相続人**とは、相続開始の際に相続人となるべき者を指します。

　欠格事由は相続権をただちに喪失させるものでした。廃除は被相続人による家庭裁判所の申し立て手続きを行い、請求が認められれば推定相続人の相続権を喪失させられるというものです。

　この廃除を家庭裁判所が認めるのは、被相続人に対して虐待、重大な屈辱、著しい非行行為などを働いた場合としています。非行行為が一時的な場合や、被相続人にも責任がある場合には適用されないこともあります。廃除の対象は限定され、遺留分を有する法定相続人（配偶者・子・父母など）のみです。**遺留分**とは、一定範囲の相続人に最低限保障される遺産の取得分のことで（P31参照）、遺留分は兄弟姉妹は認められません。

遺留分を有する推定相続人に対し、家庭裁判所が廃除を認めれば法律上、最低限保障されている一部の遺産を得る権利まで奪うことになります。遺留分の権利者がその権利を自ら手放す「**遺留分の放棄**」（民法1049）と違い、廃除は被相続人の意思によって遺留分を剥奪する制度でもあるのです。

　一方、遺留分を有しない推定相続人を廃除することはできません。遺言を残せば相続を防ぐことができるため、わざわざ廃除の手続きを踏む必要がないからです。

　なお廃除した推定相続人に遺言を残し、財産を遺贈させることは禁止されていません。廃除したとしても、遺言を残せば遺贈は可能です。

**相続人でも相続できない場合がある（事由）**

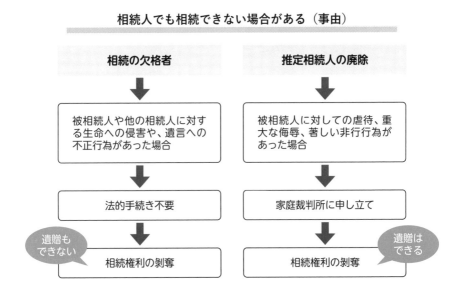

# 5. 代襲相続人と養子縁組

……相続人の代わりに相続人になる人と養子のこと

■ 代襲相続人とは？

　高齢化社会となり、親より先に子どもが亡くなることも珍しくありません。その場合、親の相続では本来相続人となるべき子がいないため、

18

被相続人から見て孫などが相続財産を引き継ぐことになります。このような世代を飛び越えた形の相続を「**代襲相続**」、該当する相続人を「**代襲相続人**」と呼びます。

　代襲相続人の範囲は次の2つのうちのどちらかです。

1. 被相続人の直系卑属（孫、ひ孫など）
2. 死亡した兄弟姉妹の子（甥、姪など）

　代襲相続人の相続分は、本来相続人となるべきだった人と同じ割合と決められています。

　1.でいえば、たとえば父が亡くなり、本来相続人となるべき子も既に亡くなっていた場合、その子の子である孫がその子と同じ相続分で代襲相続人になります（法定相続割合についてはP25参照）。

　このとき、孫も既に亡くなっていた場合はどうなるか。孫に子どもがいた場合には、その孫の子（父のひ孫）が代襲相続人になります。被相続人の子から発生する代襲相続は、直系卑属がどこまでも下の世代に続いていくのです。

　2.は、被相続人に子どもや親がいなくて、本来相続人となるべき兄弟姉妹も既に亡くなっていた場合、兄弟姉妹の子（甥や姪）が兄弟姉妹と同じ相続分で代襲相続人になるケースです。このとき、甥姪も既に亡くなっていてその子どもがいたとしても、甥姪の子は代襲相続人になれません。被相続人の兄弟姉妹が亡くなっている場合の代襲相続は、あくまでも甥姪までで打ち切りになります。

　また、上記以外にも被相続人の子が相続欠格者となり相続権を失っている場合（民法891）、相続から廃除され相続権を失っている場合（民法892）でも、被相続人の孫（相続権を失った子の子）が代襲相続人になります。しかし、子が債務超過の状態の財産を相続放棄した場合（民法939）は、被相続人の孫は代襲相続人にはならないので、債務超過の状態による放棄の場合などは、孫まで債務の継承が及ぶことはありません。この場合、子の相続放棄については、第2順位の父母、祖父母、または第3順位の兄弟姉妹が相続人に繰り上がるので、それらの人たちは、そ

の子の相続放棄を知った日から**3か月以内**に**相続放棄手続き**を行わないと債務の継承が及びますので注意が必要です。

**代襲相続人のいるケース**

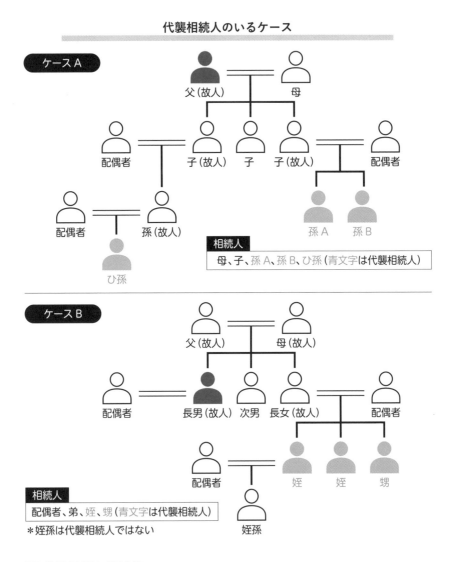

ケースA

父（故人）　母
配偶者　子（故人）　子　子（故人）　配偶者
配偶者　孫（故人）
ひ孫
孫A　孫B

**相続人**
母、子、孫A、孫B、ひ孫（青文字は代襲相続人）

ケースB

父（故人）　母（故人）
配偶者　長男（故人）　次男　長女（故人）　配偶者
配偶者
姪　姪　甥
姪孫

**相続人**
配偶者、弟、姪、甥（青文字は代襲相続人）
＊姪孫は代襲相続人ではない

### ■ 養子縁組と相続権

　被相続人の**養子は実子と同様**に相続人になります。養子縁組の成立（養子縁組届を出した日）によって法的な地位を獲得するからですが、ここ

で養子の子（孫）が代襲相続人になり得るかどうかを考えてみましょう。

ポイントとなるのは生まれた時期です。養子縁組の後に生まれた養子の子は直系卑属に当たるため、代襲相続人になりますが、養子縁組の前に生まれた養子の子（いわゆる連れ子）は直系卑属に当たらず、代襲相続人になれません。

子連れ再婚する場合、夫婦の籍は入れておきながら、配偶者の連れ子を再婚相手の「**連れ子養子**」として養子縁組するのを忘れるケースが往々にしてあります。そうすると法律上の親子関係は成立しませんし、当然ながら連れ子は代襲相続人になり得ません。連れ子を不利な立場に追いやらず、実子と同じにするには、子連れ再婚時にその連れ子もきちんと養子縁組の手続きを踏んでおくことが大切です。

## *Column* 「養子縁組」の話

養子縁組とは、血縁関係のない子どもと法律上の親子関係を成立させる制度です。**普通養子縁組**と**特別養子縁組**の2種類があります。普通養子縁組は実親との関係を維持したまま養親と新たな親子関係を築くもの。一方の特別養子縁組は実親との関係を絶って養親と新たな親子関係を築くもの。そのため普通養子縁組が実親と養親、双方の相続権を有するのに対し、特別養子縁組は養親のみ相続権を有し実親のほうは認められません。

どちらも必要な手続きがあります。たとえば普通養子縁組は養親の戸籍に入り、養親の名字になります。ただこれは結婚して名字を変更している場合は例外で、養親の名字に変える必要はありません。特別養子縁組は当事者の意思だけでは成立せず、家庭裁判所の審判で認められて初めて成立となります。

養子縁組は相続税の節税にもつながりますが、税務上は合理的な理由がなければ認められないことを肝に銘じておきましょう。

## 6. 相続の一般的効力と共同相続の効力

……相続財産の引き継げる効力は？

### ■ 一般的効力

　相続は被相続人の残した財産を引き継ぐことですが、財産の中身は多岐にわたります。また、何でもかんでも引き継げるわけではなく、中には引き継げないものもあります。民法では「相続の一般的効力」と題し、その内容を規定しています。

「相続人は、相続開始の時から、被相続人の財産に属した一切の権利義務を承継する。ただし、被相続人の一身に専属したものは、この限りではない」（民法896）。

　相続人が引き継ぐのは「被相続人の財産に属した一切の権利義務」です。ここで言う一切の権利義務は、所有権などの物権、債権・債務といった財産上の権利義務だけでなく、契約上の地位（たとえば売買契約に基づく売主または買主の地位）なども含まれます。

　そして、債務も含まれるように、プラスの財産に限りません。借金があったらマイナスの財産（負債）も引き継ぐことになるのです。

　一方、相続人が引き継げない財産は何か。例外として「被相続人の一身に専属したもの」とするのは、被相続人本人でなければ目的が達成されない権利義務を指します。具体的には、親権、代理権、扶養義務、生活保護受給権などです。ただし、相続開始前に満期となって被相続人が受け取らないままになっていた保険金（保険金請求権）は相続の対象となります。

　そのほか、引き継ぐ財産ではないものとしての生命保険金や死亡退職金、墓地や墓石などの祭祀財産も該当します。

### ■ 共同相続の効力

　相続人が1人なら被相続人の財産を単独で相続できますが、相続人が複数いるときはそういうわけにはいきません。民法では共同相続の効力

と題し、「相続人が数人あるときは、相続財産は、その共有に属する」（民法898）としています。これは遺産分割協議（P198参照）をする前の話です。相続人が複数の場合、相続開始時には相続財産は一旦相続人全員の共有の関係になります。ただし被相続人が遺言を残していれば、内容に従って相続開始と同時に各相続人が相続財産を引き継ぐのが原則です（民法985）。また、遺言が残されていないときには、相続人間の遺産分割協議の結果に基づいて各相続人が相続発生時に遡って相続財産を引き継ぐことになります。「各共同相続人は、その相続分に応じて被相続人の権利義務を承継する」（民法899）というわけです。

## ■ マイナスの財産は、相続人全員の共有に

このとき、債務の扱いに注意しなければなりません。

債務も相続人全員の共有になります。その際、被相続人が遺言で債務を引き継ぐ者を指定したり、遺産分割協議で債務を引き継ぐ者を決めたとしても、それは相続人内部の合意にすぎず、債権者に対抗することにはならないのです。

債務については各相続人が債権者に対し、それぞれ相続分に応じて義務を引き継ぎます。債務返済の義務は法定相続の割合に応じて各相続人の責任で行わなければならず、債権者との関係においては、実際の引き継いだ財産の金額とは関連性がありません。

これを防ぐには、相続人間で債務を引き継ぐ債務者を1人決め、他の者を免責する「**免責的債務引受**」の手続きを行う必要があります。同手続きを債権者が了承して処理されれば、他の者は債務返済の義務を免れます。

## 引き継げる財産・引き継げない財産

| 引き継ぐもの | |
|---|---|
| **プラスの資産** | |
| 金融資産 | 現金、預貯金、株式、公社債など |
| 不動産 | 土地、家屋、倉庫、駐車場。借地権、地上権など |
| 動産 | 貴金属、家財道具、骨董品、車など |
| 知的財産権 | 特許権、著作権、商標権など |
| 事業用財産 | 事業用機械、仕入れ商品、農産物、売掛金など |
| その他 | ゴルフ会員権、配当金、貸付金、家賃・地代などの未収金、損害賠償請求権、保険金請求権など |
| **マイナスの資産** | |
| 借金 | 住宅ローン、借入金、買掛金 |
| 保証した債務 | 他人の借金の保証、連帯保証をした地位（税務上は保証の履行請求までなし） |
| 税金 | 未払の所得税、住民税、固定資産税など |
| その他 | クレジットカードなどの未払金、入院・手術などの未払金 |

| 引き継げないもの |
|---|
| 身分、人格権、生活保護受給権、恩給受給請求権、墓地、墓石、仏壇などの祭祀財産、身元保証人の地位、使用貸借の借主の地位、生命保険金（受取人が相続人と指定されている場合）、死亡退職金など |

# Ⅱ 相続財産の相続割合と承認・放棄

## 1. 法定相続割合
### ……法律で定めた相続分の引き継げる割合は？

　相続で一番の問題は、相続人の「誰が」「どの財産を」「どのくらい」引き継ぐのかということでしょう。被相続人が遺言によって指定していない場合、「法定相続分」をもとに相続人同士で話し合いを行います。法定相続分とは、相続人それぞれが得られる相続財産の割合を決めた民法上のルールです。

　法定相続分は法定相続人の順位によって異なります。民法では次のように規定しています（民法900）。

・第1順位　配偶者2分の1　子2分の1
・第2順位　配偶者3分の2　父母（直系尊属）3分の1
・第3順位　配偶者4分の3　兄弟姉妹4分の1

　法定相続人が配偶者のみの場合は、全相続財産を配偶者が相続します。逆に配偶者が既に亡くなっている場合は、それぞれの順位の人たちが優先的に相続します。すなわち、上位順位の人が存在していれば、下順位の人は相続人ではなくなります。

　遺産総額1億2,000万円と仮定し、第1順位から第3順位までの法定相続分を割り出してみましょう。子、直系尊属、兄弟姉妹が複数いる場合はそれぞれその人数で均等分となります。

## 遺産総額 1 億 2,000 万円の相続ケース

### 第1順位　配偶者と子が相続する場合の法定相続分

| 法定相続人 | 割合 | 法定相続分 |
|---|---|---|
| 配偶者 | 1/2 | 6,000 万円 |
| 子 A | 1/2 ÷ 2 = 1/4 | 3,000 万円 |
| 子 B | 1/2 ÷ 2 = 1/4 | 3,000 万円 |

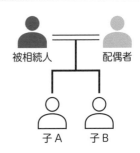

＊認知された非嫡出子（法律上、婚姻関係のない男女から生まれた子）は、嫡出子の相続分と変わらず平等です。

---

**子がいない場合**　第2順位　配偶者と父母（直系尊属）が相続する場合の法定相続分

| 法定相続人 | 割合 | 法定相続分 |
|---|---|---|
| 配偶者 | 2/3 | 8,000 万円 |
| 被相続人の父 | 1/3 ÷ 2 = 1/6 | 2,000 万円 |
| 被相続人の母 | 1/3 ÷ 2 = 1/6 | 2,000 万円 |

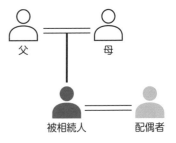

＊直系尊属が相続人になる場合も、実父母と養父母の相続分は区別なく均等です。

---

**子も親もいない場合**　第3順位　配偶者と兄弟姉妹が相続する場合の法定相続分

| 法定相続人 | 割合 | 法定相続分 |
|---|---|---|
| 配偶者 | 3/4 | 9,000 万円 |
| 被相続人の弟 | 1/4 ÷ 2 = 1/8 | 1,500 万円 |
| 被相続人の妹 | 1/4 ÷ 2 = 1/8 | 1,500 万円 |

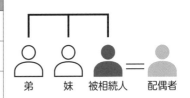

＊兄弟姉妹が相続人になる場合の相続分も均等を基本とするのは変わりません。ただし、兄弟姉妹の血の濃さを示す「全血」と「半血」では相続分が変わります（下記の表）。

**第3順位　半血の兄弟姉妹がいる場合の法定相続分**

| 法定相続人 | 割合 | 法定相続分 |
|---|---|---|
| 配偶者 | 3/4 | 9,000万円 |
| 被相続人の弟 | 1/6 | 2,000万円 |
| 被相続人の妹<br>（半血） | 1/6 ÷ 2 = 1/12 | 1,000万円 |

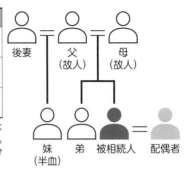

＊全血とは「両親を同じくする兄弟姉妹」、半血とは
「親の一方のみを同じくする兄弟姉妹」のことです。
半血の兄弟姉妹の場合、全血の兄弟姉妹の相続分
の2分の1になります。

## 2. 遺言による相続指定と遺贈

　……誰に、どの財産を、どのくらい、相続・遺贈する

　被相続人は、遺言によって法定相続分とは異なる割合で共同相続人（複数の法定相続人のこと）の相続分を定めることができます。これを「遺言による相続分の指定」（民法902）といい、定められた相続分を「指定相続分」と呼びます。**遺言による指定相続分は法定相続分より優先して適用**されます。

　相続分の指定は被相続人自ら行うのが基本ですが、第三者に委託してもかまいません。ただそのことを必ず遺言に残しておく必要があります。

　相続分の指定の一例を挙げると、たとえば共同相続人として3人の子どもがいた場合、法定相続分では3分の1ずつになるところを、A男は2分の1、B女は6分の2、C男は6分の1というように定めます。

　このとき、共同相続人のうちの一部しか相続分を指定していない場合も想定されます。前述の例でいえば、A男の相続分のみしか遺言に残されていないケースです。

　その際には指定されたA男のみ指定相続分とし、B女、C男は法定相続分とするよう規定されています。たとえばA男の指定相続分が4分の3だったら、残り4分の1の遺産を法定相続人同順位のB女、C男で半分ずつとするため、8分の1ずつになります。

## ■ 法定相続人以外でも遺贈は可能

　被相続人が遺言で指定できることは10種類ほどあります。先の相続分の指定および指定の委託、そして、「遺贈」（民法964）もそのひとつです。

　遺贈とは、遺言によって財産の全部または一部を無償で譲与することを指します。財産を贈る側の人を「**遺贈者（いぞうしゃ）**」、それを受け取る側の人を「**受遺者（じゅいしゃ）**」と呼びます。

　被相続人の財産を引き継ぐ権利を持つのは通常、法定相続人のみです。しかし、遺言を残しておけば、法定相続人以外の人が受遺者として、被相続人の財産を引き継ぐことができます。

　では、被相続人が遺贈をするのはどんな理由からでしょうか。想定されるのは、

・相続人ではない孫に教育資金として財産を譲りたい

・献身的に介護をしてくれた長男の奥さんに財産を譲りたい

・長く一緒に暮らした内縁の妻に財産を譲りたい

　などが挙げられます。

　このような場合、遺言で受遺者を指定しておけば、相続人以外の人に財産を贈ることが可能となるのです。

　遺言や遺贈については本章Ⅲ（P38）で改めて詳しく説明します。

### 相続の方法には「法定相続」以外に「指定相続」があります

被相続人

| 民法で定められている 相続の権利と割合 | 被相続人が遺言で指定した 相続人と割合 |
|---|---|
| 法定相続分 | 指定相続分 |

被相続人は遺言により相続人に相続させる割合や財産を自由に指定できる。しかし、法定相続人に最低もらう権利が保障されている遺留分までを侵害することはできない。

# 3. 特別受益と寄与分・遺留分
……生前の前渡し財産・貢献分・遺産の最低保障分

遺産分割は、相続開始時の財産がベースです。ただし、相続人の「特別受益」や「寄与分」を考慮しなければならないときには、一定の調整を必要とします。

## ■ 特別受益とは？

**特別受益**とは、相続人の中で被相続人から生前贈与や遺贈を受け取った人がいた場合に、この特別受益を相続財産に含めて相続分を算出する民法上のルールです（民法903）。

被相続人が生前に特定の相続人に対し、結婚資金や学資、生計資金などを贈与していたり、遺言によって遺贈していたりした際、それを考慮せずに法定相続分に従って遺産分割したのでは相続人間の公平が図れません。生前贈与や遺贈を相続財産の前渡しとして計算に組み込むことで、利益を受けた相続人とそうでない相続人の不平等を是正します。

具体的には、相続開始時の財産額に特別受益者の遺贈および生前贈与分を加えたものを相続財産とみなし（＝みなし相続財産）、これに法定相続分を掛けて、その金額から特別受益額を差し引いて算出します（この方法を「**特別受益の持ち戻し**」といいます）。

計算式で表すと次のとおりです。

1. 相続開始時の財産額＋特別受益者の生前贈与額および遺贈額＝みなし相続財産
2. みなし相続財産×法定相続分＝共同相続人の本来の相続分
3. 共同相続人の本来の相続分－特別受益額＝特別受益者の相続分

◆事例に当てはめて考えてみましょう──

相続開始時の財産額は6,000万円、相続人は長女、長男、次男の3人、特別受益者は次男で被相続人から生前に生計資金として1,200万円を援助されていたとします。

1. 6,000万円＋1,200万円＝7,200万円
2. 7,200万円×3分の1＝2,400万円
3. 2,400万円－1,200万円＝1,200万円

　長女、長男の相続分2,400万円に対し、特別受益者である次男の相続分は1,200万円になります。

　なお、特別受益の持ち戻しは遺言によって免除することも可能です。生前贈与があったとしても、その分は特別受益の計算に組み込まないということです。


## ■ 寄与分とは？

　次に**寄与分**とは、相続人の中で被相続人の療養看護などにより被相続人の財産の維持や増加に"特別の"寄与した人がいた場合に、その寄与分を踏まえて相続分を算出する民法上のルールです（民法904の2）。

　具体的には、遺産総額から寄与分を差し引いたものを相続財産とみなし、これに法定相続分を掛けて、その金額に寄与分を加えて算出します。先の特別受益と同じく、相続人間の公平を図る制度です。

　寄与とは、役に立つこと、貢献することを意味します。被相続人に対する寄与分が認められれば、他の相続人より多くの遺産を相続できます。

　特別の寄与に値するかがポイントで、相続人間の協議で決まります。

　寄与分の計算式は次のとおりです。

1. 遺産総額－寄与分＝みなし相続財産
2. みなし相続財産×法定相続分＝共同相続人の本来の相続分
3. 共同相続人の本来の相続分＋寄与分＝寄与者の相続分

　事例に当てはめて考えてみましょう。

　父親が残した遺産総額は預金4,000万円、相続人は長男と次男。父親は個人商店を営み、預金はその営業収入が原資。ただし経営からは身を引き、事実上経営を担っていたのは長男で次男はノータッチ。預金4,000万円は長男の貢献によって得た資産といえ、その寄与分を3,000万円と仮定します。

1. 4,000万円−3,000万円＝1,000万円
2. 1,000万円×2分の1＝500万円
3. 500万円＋3,000万円＝3,500万円

　次男の相続分500万円に対し、寄与者である長男の相続分は3,500万円になります。

### ■ 遺留分とは？

　特別受益、寄与分の扱いで問題になるのが遺留分です。**遺留分**とは一定範囲の相続人に最低限保障される遺産の取得分のことで、被相続人の兄弟姉妹以外の法定相続人が請求することが可能で、直系尊属のみなら法定相続分の3分の1、それ以外なら法定相続分の2分の1に当たる金額を認めています。

　ここでいう問題とは特別受益、寄与分の主張によって、他の相続人の遺留分を侵害してしまうケースです。その場合、特別受益、寄与分が優先されるのか、それとも遺留分が優先されるのか、頭を悩ますことになるのです。

　遺留分を算定するための財産の価額は、被相続人が相続開始のときにおいて存した財産の価額にその贈与した財産の価額を加えた額から債務の全額を控除した額とする（民法1043）。その贈与は相続開始前の1年間に限り、その価額を算入する。当事者双方が遺留分権利者に損害を加えることを知って**相続人に贈与したときは1年間を10年間**とする（民法1044の1項、3項）。

　結論からいうと、特別受益に当たる贈与については相続開始10年以内のものなら遺留分算定の基礎となる財産に含まれ、遺言による**持ち戻しの免除があった場合でも遺留分侵害請求の対象**になります。要するに、**特別受益より遺留分に重きが置かれる**のです。

　ちなみに、相続分と遺留分は、ともに相続財産に対する取得分の割合で、**（法定）相続分は遺言書が作成されていない場合の取得分**の基準であり、**遺留分は遺言書が作成されている場合の取得分**の基準といえます。

また、遺留分算定時に加算される贈与財産については、贈与時の時価ではなく、**相続時の時価**をもって評価します。ここは税法とは異なります（P158参照）。

贈与財産が受贈者の行為によって滅失、変造、処分などがされている場合は、その資産が相続開始のときにおいて現状のままあるものとみなして価額を算定します（民法904）。

たとえば相続財産2,100万円、長女・長男・次男の3人が相続人で長女が3,000万円の特別受益を得ていたとします。すると長男・次男の相続分は1,700万円〔（2,100万円＋3,000万円）×3分の1〕、長女は0円（1,700万円－3,000万円＝マイナスの場合は0に）となり、長男・次男の相続分1,700万円の半分の850万円が各自の遺留分に当たります。

このとき、遺言による持ち戻しの免除があった場合、2,100万円を3等分し、相続分は各自700万円の計算です。長男・次男からしたら最低限保障される遺留分850万円より150万円少ないため、150万円の遺留分侵

## *Column*
### 「特別受益の時価評価」の話

特別受益を相続財産に持ち戻す際は、贈与を受けたときの価額ではなく、民法では「**相続開始時の時価**」で評価するのが原則です。たとえば、被相続人の長男が10年前に2,000万円の建物を贈与され、この建物の相続開始時の評価が2,400万円だったとします。すると2,400万円を特別受益として遺産分割の計算を行うことになるのです。特別受益は相続財産の前渡しとして扱われるため、贈与時より相続開始時の時価が大きいのはうれしい反面、遺産の分割では不利になります。価格の増減のある財産を贈与されるときは、そういった複雑な事態に直面することを想定しておいたほうがいいかもしれません。ただし、相続税法での取り扱いは異なりますので注意が必要です（P134、P159参照）。

害請求を考えることになります。

一方、寄与分は正反対です。**遺留分より寄与分のほうに重きが置かれる**のです。

たとえば父親の遺産が5,000万円、長女・次女2人の相続人のうち長女の寄与分が3,000万円と判断されたとします。このとき、長女の取り分は4,000万円、次女の取り分は1,000万円です。次女には1,250万円（5,000万円×4分の1）の遺留分が最低限保障されているのですが、寄与分の方が遺留分よりも優先されるため、次女は1,000万円しか取得できないことになります。

## 4. 相続の承認と放棄

……相続財産を引き継ぐ？　引き継がない？

相続財産にはプラスの財産だけでなくマイナスの財産も含まれます。マイナスの財産、すなわち被相続人が生前に多額の借金などしていたら、遺産の引き継ぎを躊躇する人は少なくないはずです。

相続には民法上、「単純承認」「限定承認」「相続放棄」の3つの選択権が認められています。それぞれの内容、違いなどを認識して選択する必要があります。

**単純承認**とは、プラスの財産もマイナスの財産もすべて引き継ぐ方法です。プラスの財産のみなら問題ないですが、借金などの債務がある場合はその返済を余儀なくされます。なお、相続財産の一部または全部を処分した場合は、単純承認したものとされ、限定承認や相続放棄は選べなくなります。また、相続財産を故意に隠したり、消費したりしていたことがわかった場合も、限定承認や相続放棄は無効となり、単純承認したものとされます（民法921の1項、3項）。

相続人は自己のために相続開始があったことを**知った日から3か月以内**に単純承認、限定承認、相続放棄のいずれかの選択をしなければなりません（民法915）。この期間を**熟慮期間**といい、この期間内に手続きを行わなかった場合は自動的に単純承認をしたものとみなされます（民法

921の2項）。

　相続財産の状態が複雑であり、調査に日数を要する場合には、相続人からの申請によって家庭裁判所は熟慮期間を延長することができ、通例では再延長も認められます。

　**相続放棄**とは、プラスの財産もマイナスの財産もすべて引き継がない方法です。プラスよりもマイナスの財産が明らかに多い場合に有効といえます。相続放棄は相続人1人でも可能で、他の相続人の意思に関係なく、家庭裁判所に申し立てられます。ただ、一旦放棄の申し立てをしたら取り消せないので、慎重な判断が必要です。

　**限定承認**とは、プラスの財産の範囲内でマイナスの財産を引き継ぐ方法です。債務超過か否かが明らかでない場合や、プラス、マイナスの財産がいくらあるか不明な場合に適しています。限定承認はプラスの財産の範囲内で借金を相続し、残った借金は引き継ぐことなく返済義務を免れるので安心です。

## ■ 限定承認は相続人全員の了承が必要になる

　限定承認は相続人全員の了承を得て、家庭裁判所に申し立てを行わなければなりません。1人でも反対者がいたら成立しないため、ハードルは高いといえるでしょう。しかし、どうしても引き継ぎをしたい財産、たとえば、先祖代々の思いのある不動産や、被相続人が経営していた店舗や設備等がある場合は、限定承認が有効な承継策となります。これは、その財産の相続開始時の時価を限度として債務を引き継ぐという**条件付きの相続の方法**で、相続した財産を超える債務は切り捨てられる有限責任の相続といえます。

　ただし、限定承認の場合は、引き継ぎたい財産によっては時価で買い取る行為と同様となるので、譲渡所得税が被相続人に課せられる場合があります。しかし、もともと債務超過であるため相続人が不利益にはならず、被相続人の債務の放棄額が増加するだけです。

■ 相続人が相続の熟慮期間中に亡くなった場合（2次相続発生）

　相続人が、相続放棄や限定承認の熟慮期間中に亡くなった場合は、その者の相続人（子）は、祖父の相続に関する選択と父の相続人の相続に関する選択の両方を行う必要がありますが、その両方の熟慮期間は父の死亡時から3か月以内とされています（民法916）。

## 5. 相続人の不存在
### ……相続人がいないと思われる場合の手続き

　被相続人の財産は相続人に引き継がれますが、相続する人がいない場合もあります。そのような状態を「**相続人の不存在**」といいます。

　相続人不存在を招く事情はさまざまです。大きく3つの原因が挙げられます。

◇**法定相続人がいない**

　被相続人の財産は「法定相続人」が相続します。配偶者は常に法定相続人で、子が第1順位、父母（直系尊属）が第2順位、兄弟姉妹が第3順位の法定相続人となることを述べました（P14参照）。

　被相続人が独身で子がおらず、父母は既に亡くなっており、兄弟姉妹もいない場合、法定相続人がいない相続人不存在になります。子や兄弟姉妹が先に死亡した場合は、孫（孫も死亡している場合はその直系卑属）や甥・姪がいればその人が代襲相続人となるため相続人不存在とはなりません。

◇**欠格・廃除により相続人がいない**

　法定相続人がいる場合でも、その相続人が「欠格」や「廃除」に該当する場合は相続人の不存在になります。P17で説明したとおり、欠格や廃除の要件に当てはまると相続権を失うことになるため、他に相続人がいない場合には相続人不存在になるのです。

◇**相続放棄で相続人がいない**

　法定相続人がいる場合でも、相続人全員が相続放棄をしたら相続人不存在になります。被相続人が債務超過に陥っているなどしたら、そうな

るケースはあり得ます。相続放棄すると代襲相続も不可なので事実上、相続人は誰もいなくなります。

■ 相続人がいない場合、遺産はどうなるのか？

　では、相続人不存在のとき、被相続人の財産はどうなるのか。行く先は次のどちらかです。
・特別縁故者に財産分与
・国庫に帰属
　**特別縁故者**とは、被相続人と親密な関係にあった人のことです。具体的には、次のいずれかに当てはまる人を指します。
・被相続人と同一生計にあった人
・被相続人の療養看護に努めた人
・その他被相続人と特別な縁故があった人
　特別縁故者自ら家庭裁判所に申し立てを行い、認められれば財産分与がなされます。
　特別縁故者がいない場合、もしくは特別縁故者への財産分与で余った場合の財産は国庫に帰属、すなわち国のものになります。

■ 手続きの流れとポイント

　相続人不存在の場合、「**相続財産清算人**」が被相続人の財産を管理し清算します。周囲の人が勝手に財産を処分することはできません。
　第一歩となる相続財産清算人の選任は、債権者（被相続人にお金を貸している人）、受遺者（遺言で財産を受け取れる人）、特別縁故者などの利害関係者や検察官が家庭裁判所に申し立てます。
　手続きの流れを詳しく見ていきましょう。

### 1）相続財産清算人の選任と相続人捜索の公告

　被相続人の最後の住所地を管轄する家庭裁判所に相続財産清算人の選任を申し立てます。相続財産清算人は弁護士などの専門家の選任を通例

とし、相続財産の調査および管理、清算の手続きを担います。

相続財産清算人が選任されると、家庭裁判所は官報でその旨・および相続人捜索を公告します。同公告は相続人がいれば申し出るよう促すものです。同公告の期間は6か月以上必要です。この公告で相続人が見つからなかったら相続人不存在が確定します。

なお相続財産清算人に支払う報酬は通常、相続財産から差し引かれていますが、遺産が少ない場合は申立人の負担により家庭裁判所に予納金を納めなければならないこともあります。

## 2）債権申出の公告

1）の公告期間中に、相続財産清算人は債権申出の公告を行います。同公告は債権者、受遺者に対して申し出をするよう促すもので、公告の期間は2か月以上必要です。この場合、その期間は家庭裁判所が行った1）の公告期間内に満了することとされています。債権者、受遺者は期間内に申し出れば相続財産から支払いを受けられ、ここで遺産をすべて使い切ったら手続きは終了します。

## 3）特別縁故者による財産分与の申し立て

相続人不存在が確定したら、前述した特別縁故者は財産分与の権利を得ます。1）の公告期間満了後3か月以内に家庭裁判所に申し立てるのが条件です。3か月以内の申し立てがない、もしくは申し立てが却下された場合には被相続人の遺産は国庫帰属になります。

# Ⅲ 遺言と遺言の効力・執行 および遺言の撤回・取り消し

## 1. 遺言と遺言書

……法的に有効な遺言ができる人は？　できない人は？

　遺言は民法の行為能力に関する制度の適用を受けないので、未成年者（民法5）、成年被後見人（民法9）、被保佐人（民法13）、被補助人（民法17）であっても単独で遺言することができます（民法962）。ただし、遺言時には意思能力（民法3の2）を有していることが必要です。遺言時に精神疾患などによって意思能力を失っていた場合には、当然無効となります。また未成年者については、15歳に達していなければなりません（民法961）。

　18歳未満の未成年者の場合、契約などの法律に基づく行為は保護者などの同意を得なければ実行できないことが原則になっています。遺言も法律に基づく行為ですが、先の条文（民法962）により該当しません。ただし、自分の書く遺言の内容を理解していることが前提になります。

　15歳に達していなければ、保護者などの同意があっても遺言をすることはできません。15歳未満の者が遺言を作成し、その後、15歳に達して相続開始となった場合でも、遺言は有効になりません。

　成年被後見人が遺言する場合については、医師2名以上が立ち会い、民法が定めた方式に従って遺言者が心神喪失の状況になかったことを証明する必要があります（民法973）。また、未成年者や成年被後見人が遺言する場合は、その後見人やその配偶者・直系卑属の利益となる遺言をすることができないという制限があります（民法966）。

　従って、これらの状況にある人以外、15歳以上の人であれば遺言することが可能なので、遺言書作成に関する知識を深め、争族防止や節税のために円満な相続に役立てることができるのです。

## 2. 遺言と包括遺贈・特定遺贈

……遺言で割合で贈与するか、明確に指定財産で贈与するか

遺言によって財産の全部または一部を無償で譲与することを**遺贈**といい、無償の財産処分行為により財産的利益を与えることです。

遺贈は「**包括遺贈**」と「**特定遺贈**」の2種類に大別されます。両者は法律上の取り扱いが大きく異なるため、それぞれ特徴や違いを認識して選択する必要があります。

### ■ 包括遺贈とは？

**包括遺贈**とは、遺言によって自己の財産全体または全体に対する一定割合を指定して受遺者に遺贈する方法です。

たとえば、「遺産の5割を遺贈する」「遺産のうち3分の1を遺贈する」などと示す形式になります。

包括遺贈の受遺者は相続人と同一の権利義務を有するのが特徴です（民法990）。相続時には相続人とともに遺産分割協議に参加し、指定された遺贈の割合の取り分について希望を伝えられます。遺産分割だけでなく、遺贈の承認や放棄（P45参照）などについても相続人と同様の権利義務を有します。そのため遺贈者が借金などをしていた場合、指定された割合に応じてマイナスの財産も引き継ぐことになる点は注意が必要でしょう。

ただし、すべてにおいて相続人と同じというわけではありません。

たとえば、遺贈には代襲相続のような制度は存在しません。遺贈者の死亡前に受遺者が亡くなると遺贈の効力は失われ、相続人となる子どもがいても代わりに遺贈を受けることはできないのです。**遺贈はあくまでも受遺者本人限りの権利**なわけです。これは包括遺贈に限らず、特定遺贈にも共通します（民法994）。

## ■ 特定遺贈とは？

　一方、**特定遺贈**とは、遺言によって特定の財産を指定して受遺者に遺贈する方法です。

　たとえば、「Aアパートを遺贈する」「甲銀行預金○○万円を遺贈する」などと具体的に示す形式になります。

　特定遺贈の受遺者は特定の財産だけを取得するのが特徴です。包括遺贈と違って財産を明確に指定できるため、単純に、遺言で指定された財産を受け取って終わりです。遺産分割協議には参加する必要はありませんが、その代わり、遺産分割をめぐるトラブルに巻き込まれなくて済みます。

　デメリットは不動産取得税の負担です。不動産取得税とは、売買や贈与などによって土地や建物の所有権を取得した際に課せられる税金のことです。不動産を相続や包括遺贈で取得した場合には不動産取得税はかからないのに対し、**特定遺贈は例外で、受遺者が相続人以外であれば不動産取得税が課せられる**のです。

### 特定遺贈と包括遺贈

|  | 包括遺贈 | 特定遺贈 |
|---|---|---|
| 受遺者の権利 | 相続人と同じ権利 | 特定の財産のみ |
| 遺産分割協議 | 参加する権限がある | 参加する権限はなし |
| 不動産取得税 | 非課税 | 相続人以外の場合は課税 |
| 放棄する方法 | 遺贈を知った日から<br>３か月以内に家庭裁判所に申請 | いつでも可<br>相続人へ放棄の意思表示のみ |

## 「死因贈与」とは？

　遺贈と似ていて混同しやすい制度に「死因贈与」があります。**死因贈与**とは、死亡したことを原因として行う贈与の形式です。死因贈与も相続人以外の人に財産を譲与できる点は遺贈と変わりません。遺贈は必ず遺言によって行われますが、死因贈与で前提となるのは**贈与者と受贈者の間の贈与契約**です（民法549）。「私が死んだら○○にこの家を与える」というように、贈与者と受贈者が生前に契約を交わす必要があるのです。遺贈は遺贈者が一方的に行う意思表示（単独行為）なので、受遺者は財産を受け取らないという選択もできます。これに対し、死因贈与は贈与者と受贈者の合意で成立する契約のため、**一方的に解消することはできません**。その点が遺贈との大きな違いといえるでしょう。なお死因贈与は贈与の名がつくものの、贈与税ではなく**相続税の対象**となります。

## 3. 遺言の方式
　　……普通の遺言スタイル3種類、特別の場合の遺言スタイル2種類

　遺言には法律で定められた一定の方式があります。その方式に従わなければ、有効なものとして成立しません（民法960）。

　民法の定める遺言の方式は、**普通方式**と**特別方式**に大別されます。普通方式には「**自筆証書遺言**」「**公正証書遺言**」「**秘密証書遺言**」の3種類があり、特別方式には「**危急時遺言**」「**隔絶地遺言**」の2種類があります。

　後者の特別方式の遺言は、やむを得ない事情により普通方式の遺言ができない場合に限って認められるものです。想定外の事故や災害などで死の危険が迫っている場合や、一般社会とはかけ離れた場所にいる場合などに特例として使われます。作成後、そういった危機的な状態を乗り

越えて6か月生存していたら無効となってしまいます。

　実務で使われるのは普通方式の3つの遺言書です。それぞれの特徴、作成方法、費用、メリットやデメリットなどを見ていきましょう。

### ■ 最も信頼性が高いのは公正証書遺言

〈公正証書遺言〉

　遺言者の遺言内容を聞き取り、公証役場の公証人が作成する遺言書です。遺言者は遺言の趣旨を口頭で伝え、公証人がこれを筆記し、遺言者および証人2名以上に読み聞かせ（または閲覧させ）、各自承認のために署名・押印を行います（民法969）。普通方式の3つの遺言書の中では最も信頼性が高いといえるでしょう。証人の立ち会いの目的は、遺言書が人違いでないこと、精神状態が確かなこと、また公証人の職権乱用を防ぐためなどです。

　遺言書の原本は公証役場に保管されるため、偽造や紛失などの心配がありません。公証人が作成するので不備の可能性は低く、遺言の有効性は高くなります。

　デメリットは、手続きの面倒さや、公証人に対して費用負担が発生する点です。2名以上の証人を確保するのも容易ではないでしょう。

〈自筆証書遺言〉

　遺言者本人が全文、氏名、日付を自書し、これに押印して作成する遺言書です（民法968の1項）。**手書きを前提**とし、ワープロやパソコンの利用は不可です。ただし**相続財産の目録のみ自書不要**（同条2項）とし、ワープロやパソコンの使用を認めています。

　自分で遺言を書くので好きなときに取りかかれて、特別な費用はかかりません。手軽さと費用の安さ、遺言書の存在自体を秘密にできる、といった点がメリットです。

　しかし一方で、原則として自宅などで本人が保管することになるため、紛失や偽造のリスクを伴いますし、遺言書の存在を知らない親族に発見されないことも想定されます。2020年7月10日からは、自筆証書遺言書

の保管制度が始まっています（巻末P228参照）。

　また、遺言の有効性に対して公的なチェックが入らないため、要件の不備により無効となる可能性があります。

　さらに遺言書の発見者は家庭裁判所に持参し、その内容を検認してもらう手続きを踏まなければなりません。

〈秘密証書遺言〉

　遺言の内容は誰にも公開せず、遺言の存在のみを公証人に証明してもらう形式の遺言書です。遺言者が作成し、署名・押印した遺言書を封筒などに入れ、遺言書に用いた同じ印鑑で封印して公証人に提出します。公

## 普通方式遺言の比較

| | 公正証書遺言 | 自筆証書遺言 | 秘密証書遺言 |
|---|---|---|---|
| 作成方法 | 公証人が口述筆記 | 本人による自筆（財産目録のみ印刷、コピーなど可） | 本人（自筆・代筆・パソコンによる書類作成可） |
| 作成場所 | 公証役場 | 決まりはない | 決まりはないが公証役場で証明を得る必要がある |
| 証人・立会人 | 2名以上（相続人、相続人関係者、公証人などを除く） | 不要 | 2名以上（相続人、相続人関係者、公証人などを除く） |
| 日付 | 年月日まで記入 | 年月日まで記入 | 年月日まで記入 |
| 署名・押印 | 本人、証人2名、公証人 | 本人のみ | 本人、証人2名、公証人 |
| 印鑑 | 本人は実印（印鑑証明が必要）、証人は実印・認印どちらも可 | 実印、認印、拇印のいずれも可 | 本人は遺言書に押印した印鑑、証人は実印、認印どちらも可 |
| 家庭裁判所の検認 | 不要 | 必要 | 必要 |
| メリット | 確実・安全に保管でき、不備の可能性が低く、有効性が高い | 容易に作成でき、内容も明かす必要がない。費用もかからない | 遺言の内容を明かさないまま、存在を証明できる |
| デメリット | 遺言の内容を公証人や証人に明らかにする必要がある。手数料がかかる | 要件不備のおそれ、紛失の危険性がある。検認が必要 | 手間がかかる上に、要件不備のおそれも。手数料がかかる。検認も必要 |

証人と2名以上の証人立ち会いのもと所定の手続きを踏み、遺言者および証人2名以上が封書に署名・押印することによって成立します（民法970）。

　遺言の内容を秘密にしつつ、遺言の存在自体は周知しておきたい場合に有効ですが、実際にはあまり利用されません。公正証書遺言と同じく面倒な手続きと費用がかかるにもかかわらず、遺言書の内容は公証人にチェックされないため、要件不備で無効となる危険性が否めないからです。また、自筆証書遺言と同じく家庭裁判所での検認も必要になります。

## *Column*
## 遺言執行者は誰がなる？

　遺言の内容に基づいて、相続に関する手続きを進める人を「遺言執行者」といいます。遺言は遺言者が亡くなったときに効力を生じるため、遺言者は自分の遺言の内容を自ら実現できません。そこで遺言執行者が代理人となります。遺言の執行に必要な一切の行為をする権利義務を有するのです（民法1012）。

　遺言者は遺言で遺言執行者を指定できるのですが、未成年者と破産者以外、誰でも自由に選任できます。遺言者の配偶者や子どもなど相続人の中から選任することも可能ですし、弁護士や司法書士など専門家に依頼することも可能です。

　ただ、すべてのケースで遺言執行者が必要なわけではありません。有効なのは、遺言に「**相続人の廃除**」や「**子の認知**」を記す場合です。この２つの例では**遺言執行者の選任が不可欠**といえます。遺言書に指定の記載がない場合でも、必要であれば相続人や受贈者などの利害関係者が家庭裁判所に申し立てをすることで遺言執行者を選任することができます。

　その他一般的な相続では遺言執行者を必ずしも必要としませんが、平時の相続でも遺言執行者を選任しておけば円滑な遺言の実現につながります。

## 4. 遺言の効力

……遺言の内容はいつから有効になるか？

　民法では、「遺言は、遺言者の死亡の時からその効力を生ずる」（民法985の1項）と規定しています。遺言の効力が発生するのは、遺言者が亡くなった時点からというルールです。

　遺言は遺言者が亡くなるまでは自由に書き直せます。ですから、一度書いた遺言の内容に縛られる必要はありません。

　遺言者の死から遺言は初めて効力を持つため、相続開始と同時に、各相続人は遺言の指定に従って権利を取得します。包括遺贈や特定遺贈の場合も同様です。ただし、遺言の内容に“停止条件”をつけていた場合、効力の発生は遺言者が亡くなった時点とはなりません。民法985の2項に規定されています。

「遺言に停止条件を付した場合において、その条件が遺言者の死亡後に成就したときは、遺言は、条件が成就したときからその効力を生ずる」。

　停止条件付きの遺言は、条件の成就によって効力が発生します。たとえば「長男が結婚したら土地を与える」という遺言を残した場合、結婚したときに効力が発生し、土地の権利を取得するのです。

　なお、相続開始前に条件が成就したときには遺言は無条件になります。また、条件の不成就が確定したときには遺言は無効になります。

## 5. 遺贈の承認・放棄・失効

……遺言の内容を受け入れる？　受け入れない？

　遺贈によって相続財産を譲与される受遺者になったとします。問題なく受け取れるものならいいですが、不利益になるなど支障が生じるのであれば素直に了解（承認）はできないと思います。とはいえ、遺言による申し出を辞退（放棄）できるか否かが悩みどころでしょう。

　遺贈は遺言者の一方的な行為ですから、受け取りたくないものを贈られることも考えられます。民法ではその点を考慮し、受遺者に放棄する

権利を認めています（民法986）。遺言であっても強制力はなく、自由に放棄できるのです。遺贈の放棄の仕方は、包括遺贈と特定遺贈で異なります。それぞれの方法を解説します。

**・包括遺贈の放棄**

　包括遺贈の受遺者は相続人と同様の地位を得るため、**包括遺贈を放棄**したい場合には相続人による相続放棄と同じく、**家庭裁判所への申し立てが必要**です。包括遺贈の存在を知った日から3か月以内に放棄する旨を申述しなければなりません。

　何もしないまま3か月が経過してしまうと、遺贈を承認したとみなされます。包括遺贈の場合、プラスの財産だけでなくマイナスの財産も承継することになるので、債務を抱える可能性もあるわけです。

**・特定遺贈の放棄**

　**特定遺贈の放棄**は相続発生後であれば、**いつでも可能**です。包括遺贈のような期限の定めはありません。他の相続人に対し、書面や口頭で放棄の旨を意思表示するだけで成立します。ただ、放棄の期限が設けられていないと、他の相続人はただ待たなければならず、困ってしまうでしょう。受遺者が遺贈を放棄した場合、その財産は遺産の一部として相続人間の遺産分割の対象になります。相続人としては、受遺者の判断いかんで自分たちの受け取れる遺産の範囲が異なってくるわけです。

　そこで遺贈義務者（相続人および包括受遺者）その他の利害関係者は、受遺者に対し、相当の期間を定めて、その期間内に遺贈の承認または放棄をすべき旨の催告をすることができます（民法987）。そして、受遺者が期間内に意思表示しなかった場合には特定遺贈を承認したものとみなされます。

### ■ 遺言者より受遺者が先に亡くなると遺贈は失効

　遺贈は遺言によって行うものです。遺言は遺言者の死亡時から効力が生じるため、遺贈の効力も同様です。従って、「遺贈は、遺言者の死亡以前に受遺者が死亡したときは、その効力を生じない」（民法994）と

規定されるように、受遺者が遺言者より先に亡くなった場合には遺贈の権利は失効してしまいます。

このとき、受遺者に代わってその子である相続人が遺贈されるはずだった財産を受け取ることはできません。遺贈では代襲受遺は認められていないからです。受遺者が高齢で遺贈者より先に亡くなる可能性が高く、その際に代襲受遺を望むのであれば、「遺贈者の死亡時に受遺者Aが亡くなっていた場合は、Aに代わってBに財産を与える」とする遺言を残しておくようにしましょう。

失効以外に、受遺者が不正行為を行った場合には遺贈の資格を剥奪されるケースもあります。これは不正な行為をした相続人がその資格を剥奪されるのと同じです。詐欺や脅迫によって遺言書を作らせるなどの行為が受遺者の欠格事由に該当します。遺贈が効力を生じないときには、受遺者が受けるべきであったものは相続人に帰属することになります。これは包括遺贈でも特定遺贈でも同じです。

## 6. 遺言の撤回・取り消し
……遺言者による内容変更や取り消しと相続人からの遺言取り消し請求

一度遺言を作成しても、遺言者の気持ちや状況の変化によって内容を変更したくなることがあります。民法では、「遺言者は、いつでも、遺言の方式に従って、その遺言の全部又は一部を撤回することができる」（民法1022）と規定し、遺言の撤回を認めています。

ポイントは「遺言の方式に従って」行うことです。遺言の撤回を意思表示するだけでは効果は生じません。

遺言の3つの方式、「自筆証書遺言」「公正証書遺言」「秘密証書遺言」について、撤回の方法を見ていきましょう。

遺言を撤回するには、遺言者が新しく遺言を作成し、全部または一部の撤回について記載するのが基本です。新たな遺言にその旨が記載されることで前に作成した遺言は撤回したものとみなされます。

自筆証書遺言と秘密証書遺言は、手元で保管している遺言書を破棄す

ることでも遺言を撤回したことになります。

　ただし、公正証書遺言については公証役場で遺言書の原本が保管され
ているため、手元の正本を破棄しても遺言を撤回したことにはなりませ
ん。また、公証役場では遺言者本人が原本の破棄を依頼しても応じても
らえません。従って公正証書遺言を撤回する場合は、新しく遺言を作成
して撤回の旨を記載するのみです。

　なお、遺言を撤回する際の方式にルールは設けられていません。その
ため、必ず元の遺言と同じ方式である必要はなく、たとえば自筆証書遺
言を公正証書遺言によって撤回することや、公正証書遺言を自筆証書遺
言や秘密証書遺言によって撤回することも可能です。

　前に作成した遺言の全部を撤回する場合と、一部を撤回する場合の文
例を紹介します。

## ・全部を撤回するケース

　日付、遺言の方式を述べ、内容のすべてを撤回する旨を記載します。

---

2022年11月1日付の自筆証書遺言をすべて撤回する

---

## ・一部を撤回するケース

　日付、遺言の方式を述べ、撤回する部分を明示したのち、改めた内容
を記載します。それ以外の部分は従来の内容を維持する旨も記載します。

---

2022年11月1日付の自筆証書遺言の中の、「自宅不動産を妻〇〇に
相続させる」とする部分を撤回し、「自宅不動産を長男△△に相続
させる」と改める。その他の部分は記載のとおりとする

---

## ■ 撤回の明示なしに撤回とみなされる3つのケース

　遺言に撤回の旨を明示しなくても、撤回したものとみなされる場合も
あります。以下3つのケースです。

## 1：前の遺言と後の遺言が抵触する

前と後の遺言に矛盾する箇所がある場合は、後の遺言の該当部分を有効とし、前の遺言のその部分については撤回したものとみなされます（民法1023の1項）。たとえば、「自宅不動産を長男Aに相続させる」という遺言を作ったのち、「自宅不動産を次男Bに相続させる」とした遺言を新たに作成したとします。後の遺言には撤回の文言はありませんが、前の遺言と矛盾する「自宅不動産を長男Aに相続させる」旨の部分は撤回したものとみなされるということです。

## 2：遺言者が遺言内容に抵触する法律行為をした

遺言作成後、遺言者が遺言内容と矛盾する法律行為をした場合は、その該当部分について撤回したものとみなされます（民法1023の2項）。

たとえば、「自宅不動産を長男に相続させる」という遺言を作成したのち、遺言者が生前にその自宅不動産を第三者に売却した場合には、「自宅不動産を長男に相続させる」旨の部分は撤回したものとみなされるということです。

## 3：遺言者が故意に遺言書または遺贈の目的物を破棄した

遺言者が故意に遺言書または遺贈の目的物を破棄した場合は、その破棄した部分について、撤回したものとみなされます（民法1024）。

遺言書の破棄は先に述べたとおりです。公正証書遺言のみ例外になります。遺贈の目的物の破棄とは、たとえば遺言で「スポーツカーをAに与える」と記載したのち、遺言者がそのスポーツカーを廃車にした場合、この遺贈は撤回したものとみなされるということです。

破棄する権利を持つのは遺言者に限り、第三者が勝手に遺言書や遺贈の目的物を破棄したときには撤回は認められません。

### ■ 遺言は効力が生じても取り消せるか？

ここまで挙げたのは遺言者の生存中、遺言者自身によってもたらされる撤回行為です。

遺言者が死亡し、遺言の効力が発生してしまったら、もはや撤回というわけにはいきません。

しかし、効力が生じてからでも遺言の取り消しは可能です。遺言が相続人や受遺者の詐欺や脅迫によって作られていたことが判明した場合には、他の相続人は遺言の取り消しを家庭裁判所に請求できます。

　また、負担付遺贈に関係した遺言の取り消しも可能です。負担付遺贈とは、譲り受ける財産と引き換えに受遺者に一定の債務を負担させる遺贈のことを指します。たとえば、「Aに不動産を遺贈する代わりに、Aは不動産のローンを支払う」などと遺言に記載することで成り立ちます。

　このとき、負担付遺贈の受遺者が債務も引き受けてくれればいいですが、負担した義務の履行を怠ったらどうなるか。各相続人が債権者から債務の返済を迫られることになるのです。

　そうしたときに、相続人は相当の期間を定めて履行の催告を行うことができ、それでも履行されない場合には、その負担付遺贈に係る遺言の取り消しを家庭裁判所に対して請求することができます（民法1027）。

## 7. 遺言書の検認
　　……裁判所による遺言書の存在確認とチェック

　遺言書の保管者またはこれを発見した相続人は、相続開始を知った後、すみやかに家庭裁判所に遺言書を提出し、「検認」の請求を行うことが民法で規定されています（民法1004の1項）。

　遺言書の検認とはどのようなものかご存じでしょうか。裁判所では次のように定義づけています。

---

「検認」とは、相続人に対し遺言の存在およびその内容を知らせるとともに、遺言書の形状、加除訂正の状態、日付、署名など検認の日現在における遺言書の内容を明確にして、遺言書の偽造・変造を防止するための手続きです。遺言の有効・無効を判断する手続きではありません。

---

　つまり遺言書の検認は、「相続人全員に遺言書の存在や内容を周知す

る」のと「中身の偽造や変造を防ぐため」の手続きになります。

　すべての遺言書の検認手続きを踏むわけではなく、必要とされるのは自筆証書遺言と秘密証書遺言で、公正証書遺言は不要です（民法1004の2項）。公正証書遺言の場合、公証人が作成しているため、偽造や変造の可能性は低いからです。

　また、自筆証書遺言書についても、2020年7月10日から法務局で保管してもらえる制度が始まり、同制度の利用者は偽造や変造の可能性が低いので検認不要となりました。

　検認は遺言書の有効・無効を判断する手続きではないですが、相続手続きには不可欠なものです。自筆（秘密）証書遺言書は検認なしでは遺言書に基づく銀行預金の引き出しや不動産の相続登記などを進めることができません。

■ 自筆証書遺言の家庭裁判所での検認の流れ
1：必要書類の準備と申立書の作成
　遺言書の検認手続きに必要な書類を揃えます。遺言書を発見した相続人が検認の申し立てを行う場合、共通する必要書類は次のとおりです。

・遺言者の出生から死亡までの戸籍（除籍、改製原戸籍）謄本
・相続人全員の戸籍謄本
・遺言者の子（およびその代襲者）で死亡している方がいる場合、
　その子（およびその代襲者）の出生時から死亡時までのすべての
　戸籍（除籍、改製原戸籍）謄本

　上記を基本とし、相続人が誰かによって必要書類が変わってくるので注意しましょう。
　次に検認の申立書を作成します。書式は裁判所のWebサイトからダウンロードが可能です。同サイトには申立書の記載例もあります。
2：家庭裁判所に検認を申し立てる

必要書類と申立書の準備ができたら、家庭裁判所に検認を申し立てます。申し立てを行うのは、遺言者の最後の住所地を管轄する家庭裁判所です。検認の費用は、家庭裁判所への申立書提出の際に遺言書1通につき800円の収入印紙代がかかります。

## ３：検認期日が通知される

　申し立てが受理されると、検認期日（検認を行う日）が通知されます。

### 自筆証書遺言の家庭裁判所での検認の流れ

**遺言書があった**

**家庭裁判所に検認の申し立てを行う**

- 遺言者の最後の住所地を管轄する家庭裁判所で行う
- 検認費用として遺言書１通につき 800 円の収入印紙が必要
- 検認前に開封してはいけない（偽造・変造を防ぐため）

**検認期日の連絡が家庭裁判所より届く**

- 家庭裁判所は相続人全員に対して通知を行う

**検認期日に家庭裁判所で検認を行う**

- 申立人が遺言書を持参するので必ず出席しなければならない
- 相続人が全員出席しなくても検認手続は行える
- 裁判官が封を開き検認する

**検認が終わった後、検認済証明書を申請する**

- 遺言書１通につき 150 円の収入印紙と申立人の印鑑が必要
- 立ち会い欠席の相続人は交付申請を行えば家庭裁判所から「検認調書」が届く

ここまで１か月以上かかります。一連の流れが完了した後に、預貯金の払い戻しや不動産の名義変更が可能となります。

家庭裁判所は相続人全員に通達するため、申立人以外の相続人すべてが遺言書の存在を知ることになります。

## 4：検認手続きを行う

検認期日に、家庭裁判所に出向きます。申立人は検認を受ける遺言書や印鑑など家庭裁判所から指示されるものを持参します。申立人以外の相続人が検認期日に出席するかどうかは各人の判断に任されており、全員揃わなくても検認手続きに支障はありません。

出席した相続人などの立ち会いのもと、裁判官は封がされた遺言書を開封し、遺言書を検認します。

## 5：検認済証明書を申請する

検認が終わったら、検認済証明書の申請を行います。遺言を執行するには遺言書に付与される検認済証明書が必須だからです。申請後、検認済証明書の発行の際に150円の収入印紙代などがかかります。申立人に検認済証明書付きの遺言書が返され、相続手続きに利用できます。

### ■ 検認なしの遺言書開封には5万円以下の過料

検認の申し立てから検認を終えるまでの期間は、1～2か月程度です。

検認を終えるまでは相続手続きを行うことができません。遺言書の検認手続きの完了をもって初めて、遺言の内容に従って不動産の名義変更や預貯金の払い戻しなどができるようになるのです。

冒頭で述べたとおり、民法では封印のある遺言書は勝手に開封してはならず、検認を受けることが規定されています。検認の前に開封してしまった場合には、5万円以下の過料が科される可能性があります（民法1005）。これは封に印のある遺言書についての開封の制限なので、単に封入されている遺言書には適用されません。しかし、糊付を封にしてあるだけの遺言書であっても、他の相続人から偽造や隠匿などを疑われることにもなりかねませんので、過料の心配や余計なトラブルを避けるために、遺言書は検認の場で開けるようにしましょう。

# Ⅳ 配偶者の居住の権利

## 1. 配偶者居住権とは何か

……遺された配偶者の自宅居住権

　2020年4月施行の民法改正において、「配偶者居住権」（民法1028）と呼ばれる制度が創設されました。配偶者居住権とは、相続発生時に被相続人の所有する建物に配偶者が住んでいた場合、引き続きその建物に無償で住み続けられる権利を指します。

　遺された配偶者は、被相続人亡き後も住み慣れた自宅に居住し、同時に一定の生活資金を得ることを希望するものです。

　しかし、いざ相続が開始されると、思いどおりにはいかない事情がいくつかありました。

　たとえば、妻と子どもが相続人で自宅以外の遺産が少ないケースです。妻が自宅を相続すると必然的に現預金の相続はあきらめなければなりません。結果、その後の生活費に不安が残ります。

　また、婚外子（法的に婚姻関係にない男女から生まれた子）が現れて相続争いになった場合も、配偶者が自宅や預貯金を相続できないことが起こり得ます。婚外子は配偶者が死亡する二次相続には参加できず、被相続人死亡時の一次相続で自己の権利を強く主張してくることが想定されるからです。

　そういった事態に直面しても、配偶者が自宅に住み続けられ、かつ生活資金を確保しやすくすることを目的に配偶者居住権は作られました。

　具体的な事例で詳しく見ていきましょう。

### ■ 配偶者居住権の取得有無のケーススタディ

　夫が亡くなり、妻と一人息子が相続人になりました。夫の遺産は

3,000万円の自宅と1,000万円の預金でした。

　妻と子どもが相続人の場合、法定相続分は2分の1ずつです。合計4,000万円の遺産を2,000万円ずつ分けることになります。

　妻が自宅、息子が全預金という分け方をした場合、その後の妻の生活が立ち行かなくなる恐れがあります。さらに息子のほうは預金1,000万円を相続しても1,000万円足りません。残りの1,000万円を息子に相続させるには、最悪の場合、自宅を売却しなければならなくなるのです。

　では、妻が配偶者居住権を取得した場合を考えてみましょう。

　通常、遺された配偶者が被相続人所有の自宅に住み続けるには所有権を持たなければなりません。

　配偶者居住権は、所有権を持たなくても配偶者が自宅に住み続けられるようにした制度です。自宅を「**住む権利＝配偶者居住権**」と「**持つ権利＝所有権**」に分け、住む権利は配偶者、持つ権利は他の相続人（通常は子ども）という形での相続を可能としたのです。

　先の例でいえば、3,000万円の自宅は1,500万円の居住権と、1,500万円

## 配偶者居住権のイメージ

（夫が亡くなり、妻と子1人で遺産分割する場合）

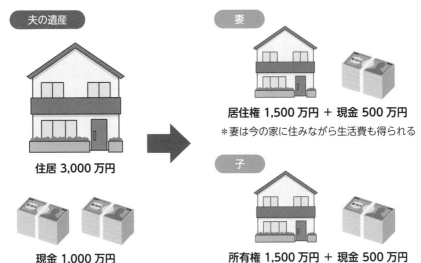

夫の遺産

住居 3,000 万円

現金 1,000 万円

妻

居住権 1,500 万円 ＋ 現金 500 万円
＊妻は今の家に住みながら生活費も得られる

子

所有権 1,500 万円 ＋ 現金 500 万円

の所有権に分けられます。その際、妻は自宅の居住権1,500万円と預金500万円を相続できます。息子も自宅の所有権1,500万円と預金500万円を相続できます。結果、配偶者は自宅に住み続けると同時に生活資金を確保することができるわけです。ただし、このケースの場合の居住権1,500万円の金額は、たとえの金額で、実際に評価する場合は、相続税の評価方法等に従って算出されますが、おおむね**配偶者の余命年齢**に応じるので、若年であれば高額、高齢であれば低額になります。

## ■ 遺産分割協議、遺贈、家庭裁判所の審判で設定される

　配偶者であれば誰でも配偶者居住権を取得できるわけではありません。

　主として、

・遺産分割協議で相続人全員に自宅の居住権を認められた（民法1028の1項1号）

・遺贈によって与えられた（民法1028の1項2号）

・家庭裁判所の審判で決定した（民法1029）

　場合に設定されることになります。

　また、以下に示す大きく3つの適用要件があり、これらを満たすと権利として成立します。

### 1）法律上の配偶者のみ

　配偶者居住権を取得できるのは被相続人の戸籍上の配偶者のみです。内縁の配偶者は対象外になります。

### 2）被相続人所有の建物に居住していた

　被相続人が亡くなったとき、被相続人所有の建物に住んでいることを条件とします。別居など生活の拠点が異なる場合は対象外になります。

### 3）被相続人の単独所有か配偶者との共有であること

　該当の建物は被相続人の単独所有か、配偶者との共有であることが前提です。被相続人が配偶者以外の第三者（他の相続人も含む）と建物を共有していた場合には対象外になります。なぜならその共有者の所有権

を侵害することになるからです。

　なお、**配偶者居住権の設定は建物だけに限られます。**土地には設定できません。

## 2. 配偶者居住権の残存期間と登記等
### ……住み続けられる期間は？　登記は必要？

　遺された配偶者が配偶者居住権を取得すれば、被相続人所有の自宅に住み続けられます。子どもが自宅を相続して所有権を持ったとしても、変わらず自宅で生活を送れます。

　では、その権利はいつまで続くのでしょうか。

　原則として配偶者の終身とされています（民法1030）。つまり、配偶者居住権を取得した場合は生きている間ずっと被相続人名義の自宅で暮らせるということです。

　ただし、被相続人の遺言や、相続人間の遺産分割協議で存続期間について別段の定めをしたとき、または家庭裁判所の審判で別段の定めをしたときは、それに従うことになります。

　配偶者居住権の残存期間を定めるか否かはケースバイケースで難しいところです。

　たとえば、配偶者居住権を取得して自宅で一人暮らしをしていた配偶者が、介護が必要になって老人ホームの入居を考えたとします。所有権を持っていれば自宅を売却して入居金にあてられますが、配偶者居住権の場合、権利の売却や譲渡はできません。

　もちろん、自宅の所有者である子どもが合意すれば自宅の所有権とともに売却は可能ですが、家族関係によってはそれが難しいケースもあります。

　また、どうしてもお金が欲しい場合は配偶者居住権を放棄して所有者から対価を得ることも可能ですが、その場合には配偶者に総合課税の譲渡所得税が課せられる可能性があるので注意しなければなりません。また、無償で放棄した場合は、状況によっては所有者に贈与税が課される

可能性があります。

　自宅の売却を想定するなら、配偶者の終身というのはリスクといえるでしょう。

　別の例でいえば、配偶者の年代によっても考え方は変わります。配偶者が高齢の場合は配偶者居住権を取得し、自宅を終の棲家にできたほうが安心できるはずです。

　しかし、高齢とはいえない配偶者が配偶者居住権を取得したら、20年30年と住み続け、その間、後述するコストの負担を余儀なくされます。

　それが合理的か否かを考えなければなりません。

　いずれにせよ、配偶者居住権の残存期間を定める際には慎重な判断が必要になります。

### ■ 配偶者居住権の登記手続きは不可欠

　配偶者居住権は登記することが可能です。**登記して居住の権利を公にしなければ自宅を追い出される恐れがあるため、配偶者にとって不可欠な手続き**といえます。

　登記は所有権とは別に法務局で申請できます。この登記により初めて第三者に対して権利を主張できるようになります。なお、配偶者居住権の登記は、建物の所有者が配偶者に対し居住権設定の登記をさせる義務があります（民法1031）。

　たとえば、配偶者居住権が設定された自宅の所有者が物件を売却し、第三者が所有権を得たとしましょう。その際、事情を知らない第三者から立ち退きを迫られたとしても、登記があれば対抗できるので心配無用です。配偶者は立ち退きに応じる必要なく、自宅に住み続ける正当な権利を主張できるのです。

## 3. 居住建物の使用および修繕費等の負担など

　……賃借物件と同じ気持ちで使用しましょう！

　配偶者居住権取得後の配偶者の自宅での生活は、表向きは被相続人と

暮らしていたときと変わりませんが、法律上、さまざまな制約がなされるようになります。

　民法ではまず、「善良な管理者の注意をもって、居住建物の使用及び収益をしなければならない」（民法1032）と規定しています。

　自宅はもう配偶者自身が所有（または被相続人の所有）するものではありません。所有権を持つのは子どもなどの所有者で、**配偶者は賃借人**のような立場です。「善良な管理者の注意」とはそれを意味し、他人の建物に対する一般的な注意義務をもって自宅で生活を送ることが要求されます。

　配偶者は自宅の建物全体を居住用として使用可能です。相続開始前には、建物の一部を第三者に貸していたり、店舗として利用していたりした場合でも、その部分を含めて居住用として使用できます（民法1032）。

　ただし、前述したとおり自宅は配偶者のものではないため、勝手に改築や増築を行うのは許されません。また、自宅を第三者に使用させる行為や貸与して利益を得ることはできません。どちらも所有者の承諾が必要です（民法1032の3項）。

　こういった制約に違反し、所有者から改善を要求されても応じなかった場合には、配偶者の配偶者居住権は消滅することになります（民法1032の4項）。

### ■ 修繕の義務や経費の負担は誰が負うのか

　自宅を維持していくには修繕を必要とします。しかし、配偶者居住権で暮らす立場の配偶者に修繕を行う義務はあるのか。「所有者が担うべきではないか？」と考える人もいるでしょう。

　賃貸住宅であれば修繕の義務を負うのは基本的には賃貸人ですが、配偶者居住権についてはそうなりません。自宅に無償で住み続けられる裏返しとして、**配偶者が修繕の義務**を負います。民法でもそのことを認めています（民法1033）。ただし、すべての修繕が配偶者の義務というわけではありません。災害などによる大規模な修繕や、建物の価値を左右

するリフォームは所有者が行います。

では、費用の負担はどうなるのか。

自宅を維持していくためのコストは先の修繕の費用に限らず、固定資産税が毎年かかります。自宅が区分所有のマンションの一室であれば管理費や修繕積立金を毎月支払っていかなければなりません。

民法では「**配偶者は、居住建物の通常の必要費を負担する**」（民法1034）と規定しています。

この条文でいう「居住建物の通常の必要費」とは、固定資産税、管理費や修繕積立金、一般的な修繕にかかる費用と考えるのが常識的です。災害などによる大規模な修繕やリフォームは通常とは言い難いため、その費用は所有者の負担と考えていいでしょう。

ちなみに火災保険の保険料を負担するのは配偶者か、それとも所有者か。自宅が火災で焼失してしまった場合、配偶者居住権は消滅（民法1036）しますが、配偶者の失火の責任は消えません。善良たる管理者の注意義務違反となって賠償義務を負うので、配偶者も火災保険に加入しておいたほうが安心です。


■ 配偶者居住権が消滅したら建物を明け渡す

配偶者は、配偶者居住権が消滅したときに、居住建物を返還しなければなりません（民法1035）。自宅を明け渡すということです。

これまで少し触れてきましたが、配偶者居住権が消滅するのは次のような場合です。

・配偶者が亡くなったとき
・定められた残存期間が満了したとき
・配偶者が各種義務に違反し、所有者が消滅の意思表示をしたとき
・火災や災害などで自宅が滅失したとき
・配偶者が配偶者居住権を放棄したとき
・配偶者と所有者の間で、消滅を合意したとき

返還する際、配偶者は原状回復義務を負います。通常の使用によって

生じる損耗や経年劣化を除き、自宅を元どおりの状態にしなければならないわけです。ただし、配偶者の責任ではない損傷については原状回復の義務を負いません。

■ 配偶者居住権の二次相続の節税効果

　配偶者居住権を取得した配偶者が亡くなると、その権利は消滅します。「住む権利＝配偶者居住権」と「持つ権利＝所有権」に分離されていた自宅はこのとき、**消滅した配偶者居住権の価値がゼロ**となり、相続税がかからない仕組みになっています。配偶者死亡時の二次相続では配偶者居住権は相続税の課税対象から外れるということです。それによって節税効果が得られるのです。

　事例で考えてみましょう。

　評価額4,000万円の自宅があり、被相続人死亡時の一次相続で配偶者に配偶者居住権を設定し、自宅の所有権は一人息子に相続したとします。一次相続では自宅を仮に配偶者居住権2,000万円、所有権2,000万円と分離、その後の配偶者死亡時の二次相続では配偶者居住権の消滅により相続税の課税対象になりません。その結果、配偶者居住権の評価分2,000万円は課税対象から外れるため、節税効果が望めることになります。

## 配偶者居住権を利用した場合

二次相続では、課税対象は息子の2,000万円に

| 夫の遺産＝自宅 | 一次相続 | 二次相続 | |
|---|---|---|---|
| 評価額 4,000 万円 | 妻 2,000 万円 居住権 | 妻（故人） 居住権 | 消滅 |
| | 息子 2,000 万円 所有権 | 息子 2,000 万円 所有権 | 課税対象 |

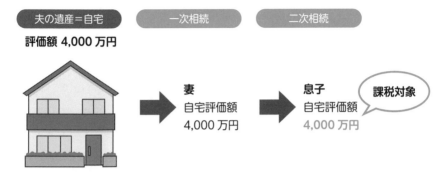

配偶者居住権を利用しない場合

二次相続でも一次相続と評価額は変わらない

夫の遺産＝自宅　　　　一次相続　　　　二次相続

評価額 4,000 万円

妻
自宅評価額
4,000 万円

息子
自宅評価額
4,000 万円

課税対象

## 4. 配偶者短期居住権

……相続発生直後の配偶者の短期的な自宅居住権

　ここまで説明した配偶者居住権は、遺された配偶者が自宅に無償で住み続けられる「長期」の権利です。一方で、同様の「短期」の権利として、「配偶者短期居住権」（民法1037）があります。

　配偶者短期居住権は、相続開始時に被相続人所有の建物に無償で居住していること、被相続人の法律上の配偶者であることを成立要件とし、**相続開始時に自動的に発生**されるものです。配偶者居住権のように、遺言や遺産分割協議によって権利を設定する必要はありません。

　一番のポイントとなる短期の期限は、①遺産分割が成立した日、②相続開始から6か月を経過した日のいずれか遅い日を指し、配偶者はその日まで自宅に無償で住み続けられます。また、遺言によって配偶者以外の者が自宅の所有権を取得した場合でも、建物所有者の明け渡しの申し入れ日から6か月が経過する日までは、配偶者短期居住権が確保されます。短期の期限を迎えたら、権利終了で自宅を明け渡さなければなりません。ですが配偶者短期居住権は自宅に一定期間住み続けられ、引越し先を探すなど時間に余裕が得られるのが利点なので、居住の権利を公にするための**登記はできません**が有効に活用しましょう。

第 2 章

# 相続税・贈与税の税制ルールの基礎を学ぼう！

# 相続財産の把握と評価

## 1. 相続税の課税財産と非課税財産

　相続税は、相続または遺贈によって取得した財産を課税の対象としています（相続税法1の3項）。

　相続財産を受け継ぐのは相続人です。相続人は相続開始時点から被相続人の財産に属した一切の権利義務を承継します（相続税法896）。被相続人が死亡時に持っていた物権や債権などすべてを承継するわけです。

　ただし、相続財産すべてに相続税がかかるわけではありません。一部には相続税がかからない財産も存在します。

　相続税法に基づき、相続税がかかる「課税財産」と、かからない「非課税財産」を簡単に整理したのが下の図です。

**相続税の課税財産と非課税財産**

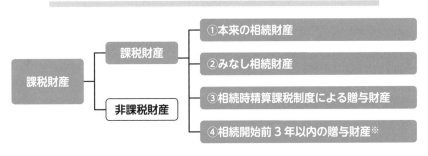

※ 2027年は4年となり、その後1年ずつ増加し、2031年以降は前7年間分の加算になります。

■ 相続税がかかる財産

　まず、課税財産から見ていきましょう。

### 1. 本来の相続財産

　被相続人が死亡時に所有していた一般的な相続財産を総称して「本来

の相続財産」といいます。該当するのは金銭に見積もることができる財産すべてです。具体的には、現金、預貯金、有価証券（株式や公社債など）、不動産（土地や家屋など）、自動車、宝石、書画骨董、ゴルフ会員権、貸付金などが本来の相続財産に当たります。

**本来の相続財産（例）**

| 種類 | | 該当資産 |
|---|---|---|
| 不動産 | 土地等 | 田（耕作権および永小作権を含む） |
| | | 畑（耕作権および永小作権を含む） |
| | | 宅地（借地権を含む） |
| | | 山林（地上権および賃借権を含む） |
| | | その他の土地（地上権等を含む） |
| | 家屋 | 家屋、貸家、構築物など |
| 現預貯金等 | | 現金、預金、貯金、家庭用財産など |
| 金銭債権 | | 未収入金、貸付金など |
| 事業（農業）用財産 | | 機械、器具、農機具、その他の減価償却資産 |
| | | 売掛金、商品、製品、半製品、原材料、農産物等 |
| | | その他の財産 |
| 有価証券 | | 取引相場のない株式・出資 |
| | | 上記以外の株式・出資 |
| | | 国債、地方債、社債 |
| | | 貸付信託受益証券、証券投資信託受益証券等 |
| その他の財産 | | 生命保険金等、退職手当金等、立木、自動車、宝石、書画骨董、ゴルフ会員権、特許権、知的財産権、著作権など |

## 2. みなし相続財産

　被相続人が亡くなったことをきっかけに取得する財産を「みなし相続財産」と呼び、生命保険の死亡保険金や死亡退職金などがその代表格です。
　死亡時に被相続人が所有していた財産ではないため民法上では相続財産に当たりませんが、相続税法上は相続財産と同等とみなされて、相続税の課税対象になります（P68参照）。

### 3. 相続時精算課税制度による贈与財産

　相続時精算課税制度とは、60歳以上の父母（または祖父母）から18歳以上の子（または孫）に生前贈与した場合に選択できる贈与税の制度です。同制度を利用した贈与は最大2,500万円まで非課税となって贈与税の節税効果大ですが、贈与者が亡くなった場合には、生前に相続時精算課税制度により贈与した財産が他の相続財産と同様に相続税の課税対象になります。ただし、2023年度税制改正により、精算課税選択後の贈与について、毎年110万円までは課税されないことになり、また、受贈した土地・建物について、災害により被害を受けた場合は、相続時の加算する際にその被害部分を控除できることになりました（P137図参照）。

### 4. 相続開始前3年以内の贈与財産

　相続税の負担軽減策として相続財産を減らせる生前贈与は有効ですが、相続開始前3年以内の贈与財産については無効とされ、相続税の課税対象になります。これは生前贈与加算と呼ばれ、被相続人の死亡直前の贈与によって相続税の負担回避を防止することを目的としたものです。

　ただし、2023年度の税制改正により、暦年課税の生前贈与加算について、相続開始前の加算期間が3年から7年に延長され、その延長された4年間に受けた贈与総額合計から100万円までは相続財産に加算しないことになりました。

　この制度の適用時期は、2024年以後の贈与からで、加算期間が7年間になるのは2031年以降の相続発生からとなります（P133図参照）。また、後述する住宅取得資金、教育資金、結婚・子育て資金の一括贈与による非課税制度は生前贈与加算の対象外となります（P139、P140表参照）。


#### ■ 相続税がかからない財産

　次に非課税財産を見ていきましょう。

　相続税の課税対象は基本的に金銭に見積もることができる財産すべてですが、相続税法では国民感情や社会通念などを考慮し、その中で一定範囲のものは非課税財産として課税財産から差し引けるとしています。

非課税財産に当たるのは主に次の3つです。

## ①墓地、霊びょう、祭具等

墓地、墓石、神棚、仏壇、仏像などが該当します。ただし、投資目的や骨董的価値のある高額なものは対象外です。「金の仏像を所有して節税しよう」というわけにはいきません。

## ②生命保険の非課税枠

相続人が取得した生命保険金のうち、「500万円×法定相続人」の金額までは非課税になります。

## ③死亡退職金の非課税枠

相続人が取得した死亡退職金のうち、「500万円×法定相続人」の金額までは非課税になります。

その他、次のような財産も非課税になります。

## ④心身障害者扶養共済制度に基づく給付金の受給権

## ⑤一定の要件に該当する公益事業者が取得した公益事業財産

## ⑥相続財産を国や特定の公益法人に寄附した場合のその寄附財産

## ⑦弔慰金（業務上の死亡は給与3年分、その他の死亡は給与半年分）

## *Column*
## 債務、葬式費用は相続税がかかる課税財産から控除

被相続人が死亡時に抱えていた借入金や未払金などの債務は、相続税がかかる課税財産から控除することができます。相続人が負担する被相続人の葬式費用（お寺に支払う費用も含む）もその対象です。葬式費用は相続により承継するものではありませんが、相続には必ず生じる経費であることなどを考慮し、控除を認めています。ただし、香典返し費用は控除対象にはなりません。香典は非課税ですので、その見返り費用としての香典返しの費用は葬式費用から除かれます。その点は注意しましょう。

## 2. みなし相続財産

　みなし相続財産は、前述したとおり、被相続人が亡くなったことをきっかけに取得する財産を指します。相続税法では被相続人の死亡によって発生する財産は相続財産と同等とみなし、相続税の課税対象としています。みなし相続財産は、被相続人から相続人に相続によって承継されるものではなく、相続人に直接もたらされる相続人固有の財産です。そのため、原則、遺産分割協議の対象とはなりませんが、相続人の合意によって対象とすることもあります。また、当該相続人が相続放棄しても受け取ることができます。

　みなし相続財産に該当するのは次のようなものです。

### みなし相続財産の例

> 死亡保険金・共済金、死亡退職金、生命保険契約に関する権利、
> 定期金に関する権利、特別縁故者への分与財産、信託受益権、債務免除益　など

　遺言による信託受益権や債務免除、相続人が不在の場合の特別縁故者への分与財産などがありますが、みなし相続財産で最も多く取り扱われるのが生命保険の死亡保険金と死亡退職金です。どちらも非課税枠が設けられています。

　死亡保険金の例を説明しましょう。

　生命保険の死亡保険金は、契約の内容によって、みなし相続財産になる場合とならない場合があります。みなし相続財産とみなされて、相続時に相続税の課税対象とされるのは以下のケースです。それ以外のケースは所得税や贈与税の課税対象とされます。

・契約者（保険料負担者）：被相続人
・被保険者：被相続人
・受取人：相続人または受遺者の固有名※

　※受取人欄に「相続人」と記載されている場合は、分割協議が必要となる場合があるので注意！

受け取った死亡保険金が非課税枠内であれば相続税の課税対象にはなりません。非課税枠の計算式は「500万円×法定相続人数」で求められます。たとえば、法定相続人が3人だとした場合、「500万円×3人＝1,500万円」となり、1,500万円までが非課税、それを超えた分だけがみなし相続財産として相続税の課税対象となります。

## 3. 財産評価の概要

相続税は相続財産の金額に応じて変わります。そのため、相続税がいくらかかるのかを知るには、相続財産の価値を把握しなければなりません。相続財産の価値を導き出すことを「財産評価」といいます。

財産評価は相続税を計算するうえで大きな問題です。

ひと口に相続財産といっても、さまざまな種類があります。本来の相続財産で挙げたように、現金、預貯金、株式、土地、宝石、書画骨董、ゴルフ会員権など多岐にわたります。相続税を計算するには、これら幅広い相続財産の価値を金銭で評価しなければならないのです。

とくに財産評価の中でとても難解で重要な財産は、「**土地・借地権**」と「**非上場株**」の評価です。この部分はとても専門的になるので、本書では総括的な概要にとどめておきます。

### ■ 国税庁の「財産評価基本通達」をもとに評価

では、どのように評価するのか。

相続財産の評価は、法律上の原則として相続開始時点の「時価」で行われます。被相続人が亡くなった日の時価で評価するということです（相続税法22）。

とはいえ、相続財産の中には時価を正確に把握するのが難しいものもあります。現金や普通預金は口座残高がそのまま評価額となるので把握できますが、不動産や非上場株式を評価するのは簡単ではありません。

そこで、国税庁では相続財産の評価方法について「財産評価基本通達」と呼ばれる指標を公表しています。これは相続税および贈与税を計算す

る際の相続財産の評価基準を示したものです。

　実務上は相続財産や贈与財産のほとんどのものについて、財産評価基本通達の評価基準に従って評価することとされています。

　主な相続財産の評価方法を以下にまとめました。どんな財産がどのような形で時価評価されるのか、まずは概要を頭に入れましょう。

**主な財産の評価法**

| 種類 | 評価方法 |
|---|---|
| 宅地 | ①市街地＝路線価方式　②郊外地＝倍率方式 |
| 借地権 | 宅地の価額×借地権の割合 |
| 貸宅地 | 宅地の価額－借地権の価額 |
| 定期借地権付土地 | 宅地の価額× 80 ～ 95％ |
| 貸家建付地 | 宅地の価額×（1 －借地権割合×借家権割合） |
| 借家権 | 家屋の価額×借家権割合 |
| 上場株式 | ①証券取引所の課税時期の終値<br>②課税時期の属する月以前の<br>　3 か月間の各月の終値の月平均値　｝最も少ない金額 |
| 非上場株式 | 企業規模や少数株主の場合など、評価方法は細分化する |
| ゴルフ会員権 | 通常取引額× 70％ |
| 一般動産 | 調達価額 |
| 書画骨董など | 売買実例価額、精通者意見価額などを比べ合わせて |

## 4. 土地の評価

### ■ 土地の評価の手順

　土地の評価は原則として、宅地、農地などの地目別に評価単位ごとに評価します。評価単位の判定方法や評価の方式は地目ごとに異なり以下の手順に従って評価します。

## 土地評価の手順

| ① 評価物件の特定 | → | ② 資料の収集 | → | ③ 地積の確定 | → | ④ 地目の判定 | → | ⑤ 評価単位の判定 |

地目の主な6区分＝宅地、農地、山林、原野等、鉱泉地、雑種地

### ①評価物件の特定

　住宅地図、公図等により評価する土地の所在地等を確認し、評価物件の場所を特定します。

### ②資料の収集

- a. **固定資産評価証明書**／評価物件の所在地を管轄する市（区）役所または町村役場（東京都内は都税事務所）で発行しています。
- b. **登記事項証明書**／評価物件の所在地を管轄する法務局（登記所）または最寄りの法務局で発行しています。
- c. **実測図、公図、地積図**／実測図とは、土地家屋調査士などによって実際に測量してもらう地図。公図、地積図は評価物件の所在地を管轄する法務局（登記所）で発行しています。
- d. **財産評価基準書**（路線価図、評価倍率表）／財産評価基本通達に基づく具体的な評価基準については、各国税局において各年分の「財産評価基準書」（土地であれば、路線価図、評価倍率表）として公表しており、国税庁のホームページで閲覧できます。

　なお、財産評価基本通達に基づき国税局長が定めることとされている土地等に関する主な事項は表（P73）のとおりであり、定められた事項（金額等）は各年分の「財産評価基準書」に掲載されています。

### ③地積の確定

　地積は、課税時期における実際の面積によることとされており、登記簿上の地積（公簿上の地積）と異なる場合には、実際の地積により土地の価額を決定することになります。

なお、倍率方式で評価する場合において、実際の地積と登記簿上の地積が異なる場合の取り扱いについては下のコラムを参照してください。

④地目の判定

　地目は、課税時期の現況により判定することとされています。従って、登記簿上の地目と一致しない場合がありますので、**現況確認**が必要です。この場合は、写真を保存しておいたほうがよいです。

⑤評価単位の判定

　土地の価額は、原則として地目別に、それぞれの地目ごとに定められた評価単位ごとに評価することとされています（P74表参照）。

　ただし、一体として利用されている一団の土地が2つ以上の地目からなる場合には、その一団の土地は、そのうちの主たる地目からなるものとして、その一団の土地ごとに評価します。

## *Column*
## 実際の地積と登記簿上の地積が異なる場合

　倍率方式で土地を評価する場合、実際の地積が登記簿上の地積と異なる土地については、実際の地積により評価します。しかし、固定資産税評価額は、縄延び等のために実際の地積が登記簿上の地積と異なっている場合であっても、すべて登記簿上の地積をもとに計算することになっています。従って、その土地の固定資産税評価額に倍率を乗じて計算したのでは適正な評価額を算出することができません。

　このため、実際の地積と登記簿上の地積が異なる土地を倍率方式で評価する場合には、次の算式で評価額を計算します。

$$その土地の固定資産税評価額 \times \frac{実際の地積}{登記簿上の地積} \times 評価倍率$$

（固定資産評価証明書上の地積）

## 財産評価基本通達に基づき国税局長が定める主な事項（土地関係）

| 評価通達 | 通達文（抜粋） |
|---|---|
| **14 路線価** | 国税局長がその路線ごとに評定した1平方メートル当たりの価額とする |
| **14-2 地区** | 国税局長が次に掲げる地区を定める<br>(1) ビル街地区　(2) 高度商業地区　(3) 繁華街地区　(4) 普通商業・併用住宅地区　(5) 普通住宅地区　(6) 中小工場地区　(7) 大工場地区 |
| **21 倍率方式（倍率）** | 国税局長が一定の地域ごとにその地域の実情に即するように定める倍率を乗じて計算した金額によって評価する方式 |
| **22-3 大規模工場用地の路線価および倍率** | 国税局長が定める大規模工場用地の評価の「路線価」および「倍率」で評価する |
| **27 借地権の評価（借地権割合）** | 地域ごとに国税局長の定める割合を乗じて計算した金額によって評価する |
| **37 純農地の評価**<br>**38 中間農地の評価**<br>**47 純山林の評価**<br>**48 中間山林の評価**<br>**58 純原野の評価**<br>**58-2 中間原野の評価** | 地域ごとに国税局長の定める倍率を乗じて計算した金額によって評価する |
| **40 市街地農地の評価**<br>**49 市街地山林の評価**<br>**58-3 市街地原野の評価** | 宅地であるとした場合の1平方メートル当たりの価額から地域ごとに国税局長の定める金額を控除 |
| | 地域ごとに国税局長の定める倍率を乗じて計算した金額によって評価することができる |
| **82 雑種地の評価** | 状況の類似する地域ごとに国税局長の定める倍率を乗じて計算した金額によって評価することができる |
| **83 ゴルフ場の用に供されている土地の評価** | (1) 造成費に相当する金額として国税局長の定める金額を控除 |
| | (2) 地域ごとに国税局長の定める倍率を乗じて計算した金額によって評価する |

### ■ 土地の評価上の区分は地目別

　土地を評価する場合は、原則として地目別に評価します。この場合の地目は登記簿上の地目にかかわらず、課税時期における土地の現況によって判定します。ただし、一体として利用されている一団の土地が2以上の地目からなる場合には、その一団の土地は、そのうち主たる地目からなるものとして、その一団を評価します（前ページの⑤のとおり）。

また、市街化調整区域以外の都市計画区域（市街化区域および無指定区域）で市街地的形態を形成する地域では、宅地比準方式で評価する市街地農地、市街地山林、市街地原野、または宅地と状況が類似する雑種地のいずれか2つ以上の地目の土地が隣接し、その形状、地積の大小、位置等からみてこれらを一団として評価することが合理的と認められる場合には、その一団の土地ごとに評価します。

**土地の評価上の区分と原則的な評価単位**

| | 地目（概要） | 評価単位 |
|---|---|---|
| 宅地 | 建物の敷地およびその維持、もしくは効用を果たすために必要な土地 | 1画地の宅地（利用の単位となっている1区画の宅地） |
| 農地（田・畑） | 田……農耕地で用水を利用して耕作する土地<br>畑……農耕地で用水を利用しないで耕作する土地 | 1枚の農地（耕作の単位となっている1区画の農地） |
| 山林 | 耕作の方法によらないで竹木の生育する土地 | 1筆の山林 |
| 原野 | 耕作の方法によらないで雑草、かん木類の生育する土地 | 1筆の原野 |
| 牧場 | 家畜を放牧する土地 | 1筆の牧場 |
| 池沼 | かんがい用水でない水の貯留池 | 1筆の池沼 |
| 鉱泉地 | 鉱泉（温泉を含む）の湧出口およびその維持に必要な土地 | 1筆の鉱泉地 |
| 雑種地 | 上記のいずれにも該当しない土地 | 利用の単位となっている（同一の目的に供されている）一団の雑種地 |

■「路線価方式」と「倍率方式」の2つの土地評価

　土地の評価方法は前述のとおり2種類あり、市街地にある土地は「路線価方式」で評価し、それ以外の土地は「倍率方式」で評価を行います。地域によってどちらを採用するかが決められています。

　路線価方式は、路線価が定められている地域の評価方法です。路線価

とは「道路に面する土地1平方メートル当たりの価格」を指し、国税庁がホームページで公表している路線価図で確認できます。路線価方式では、この路線価に土地の各種補正率（後述）と、土地の面積をかけて評価額を算出します。こうして算出された土地の評価が、すなわち相続額の一部となり、相続人の納税額につながってくるのです。

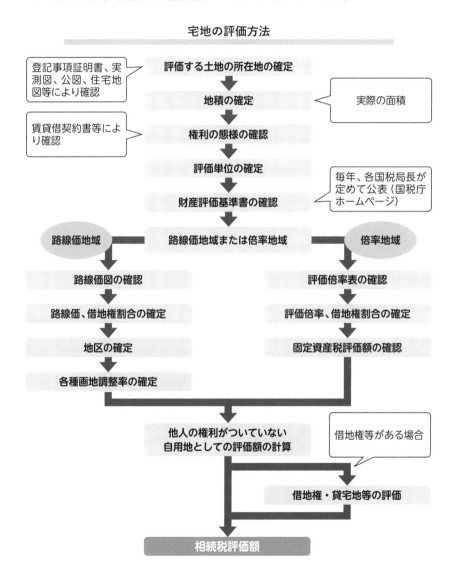

**宅地の評価方法**

## ■ 路線価図から評価額を求める

ここで路線価図を見てみましょう。

路線価は、路線（道路）に面する標準的な宅地の1平方メートル当たりの価額（千円単位）のことであり、路線価が定められている地域の土地等を評価する場合に用います。国税庁のホームページで確認できます。

### 【路線価図】

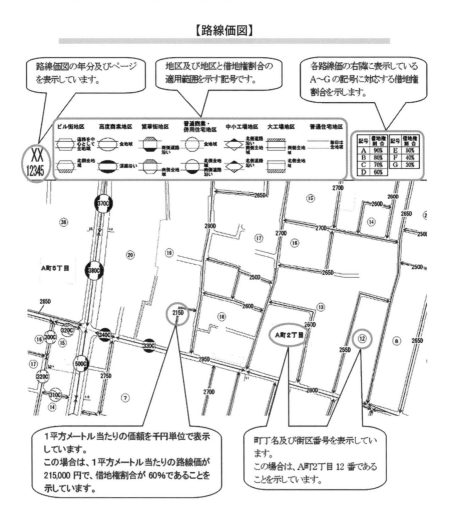

路線価図からその土地の評価額を求める際の、最も基本となる計算式は、以下のとおりです。

〈1路線に面している宅地〉

> 路線価×奥行価格補正率＝1㎡当たりの評価額
> 1㎡当たりの評価額×地積＝評価額

たとえば、下記図の場合——

まず、路線価です。この場合300,000円です。路線価は千円単位で表示され、後ろに付くA～Gの記号は借地権割合を示しています。次に「地区区分」と「調整率表」を確認します。

奥行価格補正率　0.97（P78①「奥行価格補正率表」参照）

➡1㎡当たりの評価額＝300,000円×0.97＝291,000円

➡土地の評価額＝291,000円×700㎡＝203,700,000円

となります。

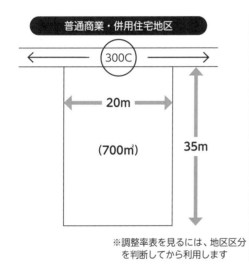

| 地区区分 | 記号 |
|---|---|
| ビル街地区 | ⬡ |
| 高度商業地区 | ◯ |
| 繁華街地区 | ⬡ |
| 普通商業・併用住宅地区 | ◯ |
| 普通住宅地区 | 無印 |
| 中小工場地区 | ◇ |
| 大工場地区 | ▭ |

※調整率表を見るには、地区区分を判断してから利用します

　ただし、土地の状況はさまざまです。間口が狭い土地、不整形な土地、傾きのあるがけ地など、その土地ごとに計算評価のもととなる「補正率」が違ってきます。参考までにP78に「土地及び土地の上に存する権利の評価についての調整率表」を掲載しています。

# 土地及び土地の上に存する権利の評価についての調整率表（補正率表）

(平成31年1月分以降用)

## ① 奥行価格補正率表

| 地区区分／奥行距離m | ビル街 | 高度商業 | 繁華街 | 普通商業・併用住宅 | 普通住宅 | 中小工場 | 大工場 |
|---|---|---|---|---|---|---|---|
| 4未満 | 0.80 | 0.90 | 0.90 | 0.90 | 0.90 | 0.85 | 0.85 |
| 4以上6未満 | | 0.92 | 0.92 | 0.92 | 0.92 | 0.90 | 0.90 |
| 6〃8〃 | 0.84 | 0.94 | 0.95 | 0.95 | 0.95 | 0.93 | 0.93 |
| 8〃10〃 | 0.88 | 0.96 | 0.97 | 0.97 | 0.97 | 0.95 | 0.95 |
| 10〃12〃 | 0.90 | 0.98 | 0.99 | 0.99 | 1.00 | 0.96 | 0.96 |
| 12〃14〃 | 0.91 | 0.99 | 1.00 | 1.00 | | 0.97 | 0.97 |
| 14〃16〃 | 0.92 | 1.00 | | | | 0.98 | 0.98 |
| 16〃20〃 | 0.93 | | | | | 0.99 | 0.99 |
| 20〃24〃 | 0.94 | | | | | 1.00 | 1.00 |
| 24〃28〃 | 0.95 | | | | 0.97 | | |
| 28〃32〃 | 0.96 | | 0.98 | | 0.95 | | |
| 32〃36〃 | 0.97 | | 0.96 | 0.97 | 0.93 | | |
| 36〃40〃 | 0.98 | | 0.94 | 0.95 | 0.92 | | |
| 40〃44〃 | 0.99 | | 0.92 | 0.93 | 0.91 | | |
| 44〃48〃 | 1.00 | | 0.90 | 0.91 | 0.90 | | |
| 48〃52〃 | | 0.99 | 0.88 | 0.89 | 0.89 | | |
| 52〃56〃 | | 0.98 | 0.87 | 0.88 | 0.88 | | |
| 56〃60〃 | | 0.97 | 0.86 | 0.87 | 0.87 | | |
| 60〃64〃 | | 0.96 | 0.85 | 0.86 | 0.86 | 0.99 | |
| 64〃68〃 | | 0.95 | 0.84 | 0.85 | 0.85 | 0.98 | |
| 68〃72〃 | | 0.94 | 0.83 | 0.84 | 0.84 | 0.97 | |
| 72〃76〃 | | 0.93 | 0.82 | 0.83 | 0.83 | 0.96 | |
| 76〃80〃 | | 0.92 | 0.81 | 0.82 | | | |
| 80〃84〃 | | 0.90 | 0.80 | 0.81 | 0.82 | 0.93 | |
| 84〃88〃 | | 0.88 | | 0.80 | | | |
| 88〃92〃 | | 0.86 | | | 0.81 | 0.90 | |
| 92〃96〃 | 0.99 | 0.84 | | | | | |
| 96〃100〃 | 0.97 | 0.82 | | | | | |
| 100〃 | 0.95 | 0.80 | | | 0.80 | | |

## ② 側方路線影響加算率表

| 地区区分 | 角地の場合 | 準角地の場合 |
|---|---|---|
| ビル街 | 0.07 | 0.03 |
| 高度商業、繁華街 | 0.10 | 0.05 |
| 普通商業・併用住宅 | 0.08 | 0.04 |
| 普通住宅、中小工場 | 0.03 | 0.02 |
| 大工場 | 0.02 | 0.01 |

## ③ 二方路線影響加算率表

| 地区区分 | 加算率 |
|---|---|
| ビル街 | 0.03 |
| 高度商業、繁華街 | 0.07 |
| 普通商業・併用住宅 | 0.05 |
| 普通住宅、中小工場 | 0.02 |
| 大工場 | 0.02 |

## ④ 不整形地補正率を算定する際の地積区分表

| 地積区分／地区区分 | A | B | C |
|---|---|---|---|
| 高度商業 | 1,000㎡未満 | 1,000㎡以上1,500㎡未満 | 1,500㎡以上 |
| 繁華街 | 450㎡未満 | 450㎡以上700㎡未満 | 700㎡以上 |
| 普通商業・併用住宅 | 650㎡未満 | 650㎡以上1,000㎡未満 | 1,000㎡以上 |
| 普通住宅 | 500㎡未満 | 500㎡以上750㎡未満 | 750㎡以上 |
| 中小工場 | 3,500㎡未満 | 3,500㎡以上5,000㎡未満 | 5,000㎡以上 |

## ⑤ 不整形地補正率表

| 地区区分／かげ地割合 | 高度商業、繁華街、普通商業・併用住宅、中小工場 | | | 普通住宅 | | |
|---|---|---|---|---|---|---|
| | A | B | C | A | B | C |
| 10%以上 | 0.99 | 0.99 | 1.00 | 0.98 | 0.99 | 0.99 |
| 15%〃 | 0.98 | 0.99 | 0.99 | 0.96 | 0.98 | 0.99 |
| 20%〃 | 0.97 | 0.98 | 0.99 | 0.94 | 0.97 | 0.98 |
| 25%〃 | 0.96 | 0.98 | 0.99 | 0.92 | 0.95 | 0.97 |
| 30%〃 | 0.94 | 0.97 | 0.98 | 0.90 | 0.93 | 0.96 |
| 35%〃 | 0.92 | 0.95 | 0.98 | 0.88 | 0.91 | 0.94 |
| 40%〃 | 0.90 | 0.93 | 0.97 | 0.85 | 0.88 | 0.92 |
| 45%〃 | 0.87 | 0.91 | 0.95 | 0.82 | 0.85 | 0.90 |
| 50%〃 | 0.84 | 0.89 | 0.93 | 0.79 | 0.82 | 0.87 |
| 55%〃 | 0.80 | 0.87 | 0.90 | 0.75 | 0.78 | 0.83 |
| 60%〃 | 0.76 | 0.84 | 0.86 | 0.70 | 0.73 | 0.78 |
| 65%〃 | 0.70 | 0.75 | 0.80 | 0.60 | 0.65 | 0.70 |

## ⑥ 間口狭小補正率表

| 地区区分／間口距離m | ビル街 | 高度商業 | 繁華街 | 普通商業・併用住宅 | 普通住宅 | 中小工場 | 大工場 |
|---|---|---|---|---|---|---|---|
| 4未満 | − | 0.85 | 0.90 | 0.90 | 0.90 | 0.80 | 0.80 |
| 4以上6未満 | − | 0.94 | 1.00 | 0.97 | 0.94 | 0.85 | 0.85 |
| 6〃8〃 | − | 0.97 | | 1.00 | 0.97 | 0.90 | 0.90 |
| 8〃10〃 | 0.95 | 1.00 | | | 1.00 | 0.95 | 0.95 |
| 10〃16〃 | 0.97 | | | | | 1.00 | 0.97 |
| 16〃22〃 | 0.98 | | | | | | 0.98 |
| 22〃28〃 | 0.99 | | | | | | 0.99 |
| 28〃 | 1.00 | | | | | | 1.00 |

## ⑦ 奥行長大補正率表

| 地区区分／奥行距離÷間口距離 | ビル街 | 高度商業 | 繁華街 | 普通商業・併用住宅 | 普通住宅 | 中小工場 | 大工場 |
|---|---|---|---|---|---|---|---|
| 2以上3未満 | 1.00 | | 1.00 | | 0.98 | 1.00 | 1.00 |
| 3〃4〃 | | | 0.99 | | 0.96 | 0.99 | |
| 4〃5〃 | | | 0.98 | | 0.94 | 0.98 | |
| 5〃6〃 | | | 0.96 | | 0.92 | 0.96 | |
| 6〃7〃 | | | 0.94 | | 0.90 | 0.94 | |
| 7〃8〃 | | | 0.92 | | | 0.92 | |
| 8〃 | | | 0.90 | | | 0.90 | |

## ⑧ 規模格差補正率を算定する際の表

### イ 三大都市圏に所在する宅地

| 地区区分／記号／地積㎡ | 普通商業・併用住宅、普通住宅 | |
|---|---|---|
| | Ⓑ | Ⓒ |
| 500以上1,000未満 | 0.95 | 25 |
| 1,000〃3,000〃 | 0.90 | 75 |
| 3,000〃5,000〃 | 0.85 | 225 |
| 5,000〃 | 0.80 | 475 |

### ロ 三大都市圏以外の地域に所在する宅地

| 地区区分／記号／地積㎡ | 普通商業・併用住宅、普通住宅 | |
|---|---|---|
| | Ⓑ | Ⓒ |
| 1,000以上3,000未満 | 0.90 | 100 |
| 3,000〃5,000〃 | 0.85 | 250 |
| 5,000〃 | 0.80 | 500 |

## ⑨ がけ地補正率表

| がけ地の方位／がけ地地積÷総地積 | 南 | 東 | 西 | 北 |
|---|---|---|---|---|
| 0.10以上 | 0.96 | 0.95 | 0.94 | 0.93 |
| 0.20〃 | 0.92 | 0.91 | 0.90 | 0.88 |
| 0.30〃 | 0.88 | 0.87 | 0.86 | 0.83 |
| 0.40〃 | 0.85 | 0.84 | 0.82 | 0.78 |
| 0.50〃 | 0.82 | 0.81 | 0.78 | 0.73 |
| 0.60〃 | 0.79 | 0.77 | 0.74 | 0.68 |
| 0.70〃 | 0.76 | 0.74 | 0.70 | 0.63 |
| 0.80〃 | 0.73 | 0.70 | 0.66 | 0.58 |
| 0.90〃 | 0.70 | 0.65 | 0.60 | 0.53 |

## ⑩ 特別警戒区域補正率表

| 特別警戒区域の地積÷総地積 | 補正率 |
|---|---|
| 0.10以上 | 0.90 |
| 0.40〃 | 0.80 |
| 0.70〃 | 0.70 |

## ■ 路線価方式は土地の位置や形状の補正率調整で評価が増減

路線価方式の場合、路線価に土地の面積をかければ土地の評価額は算出できますが、土地の形状や位置によってはその評価額が正しいとは言い切れません。

たとえば、間口が狭すぎる宅地や奥行が長すぎる宅地は評価減とされ、一方で面する道路の数や面し方で評価増とされます。また、土地の地区区分によっても評価の加算・減算に影響してきます。

前述した公式にそれを踏まえた補正率を当てはめて計算することで土地の評価額はプラスにもなればマイナスにもなるのです。補正率調整の種類としては、次のようなものが挙げられます（○の数字は表に対応）。

### ①奥行価格補正率

一面だけが道路に接している土地の場合、通常その路線価に奥行距離に応じて定められた補正率を乗じて評価額を算出します。

### ②側方路線影響加算率

正面と側方に道路がある土地（角地または準角地）の場合、側方路線に接していることが土地の価値に与える影響を加味して正面路線のみに接する場合の価額に一定額を加算します。

### ③二方路線影響加算率

土地が正面と裏面の両方に接している場合、利便性が高まることを考慮して評価を高める調整です。

### ④不整形地補正率を算出する際の地積区分

整形された土地に比べて利用価値が低いため、相続税評価額を減額する調整を行います。地積区分表を参照して、土地の地区区分と面積から、地積区分がA、B、Cのどれに該当するかを判定します。

### ⑤不整形地補正率

地積区分の判定（④）後、「**かげ地割合**」を算出し、最後に不整形地補正率表に土地の地区区分と地積区分とかげ地割合を当てはめて、不整形地補正率を求めます。

### ⑥間口狭小補正率

間口の狭小な宅地等を評価する際に、その宅地の路線価に乗じることができる割合をいいます。

### ⑦奥行長大補正率

　間口の割に奥行が長い土地の評価を減額する補正率のことをいいます。

### ⑧規模格差補正率

　通常の土地より大きな土地について評価減ができるというもので、平成30年から導入された土地の評価方法です（P89参照）。

### ⑨がけ地補正率

　「がけ地を有する宅地等」の相続税評価額を計算する際に路線価に乗じ

## 宅地の評価（自用地）

| 宅地の評価の単位 | | 利用の単位ごと（筆ごとではない） | |
|---|---|---|---|
| 区分 | 項　目 | | 算　式 |
| | 原　則 | | ①路線価（下欄イ～ヌのうちいずれかの 1㎡当たりの額）×地積 |
| 路線価方式による自用地としての宅地の評価 | 評価増 | 1つの道路に面する宅地 | イ　正面路線価×奥行価格補正率 |
| | | 2つの道路に面する宅地 | ロ　イ ＋ 側方または裏路線価 × 奥行価格補正率 × 側方または二方路線影響加算率 |
| | | 3つの道路に面する宅地 | ハ　ロ ＋ 側方または裏路線価 × 奥行価格補正率 × 側方または二方路線影響加算率 |
| | | 4つの道路に面する宅地 | ニ　ハ ＋ 側方または裏路線価 × 奥行価格補正率 × 側方または二方路線影響加算率 |
| | 評価減 | 間口が狭すぎる宅地 | ホ　イ～ニのうち該当額×間口狭小補正率 |
| | | 奥行きが長すぎる宅地 | ヘ　イ～ニのうち該当額×奥行長大補正率 |
| | | 不整形な宅地 | ト　イ～ニのいずれか×（1－40％以内の減価割合）またはホ～ヘのいずれか低い方 |
| | | 地積規模の大きな宅地 | チ　イ～トのいずれか×規模格差補正率 |
| | | 道路に面していない宅地（無道路地） | リ　（実際に利用している路線の路線価に基づき計算したもの）×（1－40％以内の減価割合） |
| | | がけ地 | ヌ　イ～リのうち該当額×がけ地補正率 |
| 倍率方式による自用地としての宅地の評価 | | | ②固定資産税評価額×倍率 |
| 造成中の宅地 | | | 造成前の地目による評価額＋造成費用の現在価値額×0.8 |

＊難解な宅地の評価は省略してあります。

る補正率のことで、評価額を減額できます。

## ⑩特別警戒区域補正率

　相続税の対象となる土地が土砂災害特別警戒区域に存する場合、宅地の総面積のうち特別警戒区域の面積が占める割合に応じて評価額を10〜30％引き下げることができます。

　しかし、補正率を加味した路線価方式の評価計算は、一般の人が理解するのは容易ではありません。相続税の申告を伴う場合には専門家である税理士などに委ねることが最善といえるでしょう。なお倍率方式の場合は、路線価方式のような加算・減算は、原則としてありません。

### ■ 不整形な宅地の評価例

　形が良くない理由で利用しにくい土地は、一般的に評価額が低くなりますが、以下の算式で価値を求めることができます。

〈不整形な宅地〉

---
①路線価×奥行価格補正率×不整形地補正率＝1㎡当たりの評価額

②路線価×奥行価格補正率×間口狭小補正率×奥行長大補正率
　＝1㎡当たりの評価額

①または②のいずれか低い方で評価します。

1㎡当たりの評価額×地積＝評価額

---

たとえば、下記図の場合——

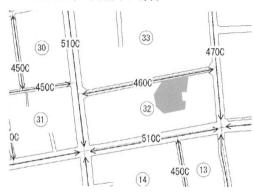

路線価は460,000円であることがわかるので、次に奥行距離を求めます。そして、まず評価対象地の全体を囲む正面路線に面する長方形または正方形の想定整形地を描きます。

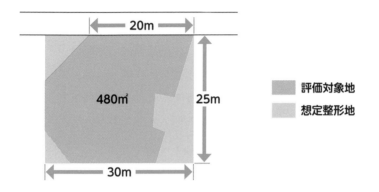

　不整形地の奥行距離は、その想定整形地の奥行距離（実測）を限度として、不整形地の地積を実際の間口距離（実測）で除して得た数値とします。

　480㎡ ÷ 20m = 24m ＜ 25m（実測）

　従って、奥行距離は24mとなります。

　地域区分および奥行距離に応じた奥行価格補正率を「奥行価格補正率表」（P78①）から求めます。この場合0.97です。

　次いで間口距離および地区に応じた間口狭小補正率を「間口狭小補正率表」（P78⑥）から求めます。この場合、1.00です。

　次の算式で、かげ地割合を計算します。

---

「かげ地割合」＝（想定整形地の地積－評価対象地の地積）÷想定整形地の地積

---

　かげ地割合 ＝（750㎡－480㎡）÷ 750㎡ = 36.0%

　地区および地積に応じた地積区分を求め、地区区分、地積区分およびかげ地割合に応じた不整形地補正率を「不整形地補正率表」（P78⑤）から求めます。間口狭小補正の適用があるものについては、さらに間口

狭小補正率を乗じて不整形地補正率を計算します。

　不整形補正率0.88 × 間口狭小補正率1.00 ≒ 0.88※

　※0.60を限度に小数点以下2位未満切り捨て

　最後に、地区区分および間口距離に対する奥行距離の比率に応じた奥行長大補正率を「奥行長大補正率表」（P78⑦）から求めます。

　奥行距離÷間口距離　➡　24m÷20m＝1.2

〈評価額の計算〉

```
　　　　路線価　　　　奥行価格補正　不整形地補正率
　　460,000円　×　0.97　×　0.88　＝　392,656円 ①

　　　　路線価　　　　奥行価格補正率　間口狭小補正率　奥行長大補正率
　　460,000円　×　0.97　×　1.00　×　1.00 ＝ 446,200円 ②

　①392,656円＜②446,200円

　1㎡当たりの評価額　　　　地積　　　　　　　評価額
　　392,656円　×　480㎡ ＝ 188,474,880円
```

### ■ 宅地の評価単位は利用目的ごとの1画地で

　宅地の評価額は、1画地の宅地ごとに算出します。「1画地の宅地」とは、利用の単位（自用、貸付の用、貸家の敷地の用）となっている1画地の宅地のことで、必ずしも1筆（土地課税台帳、土地補充課税台帳および登記事項証明書等に登録された1筆をいいます）の宅地であるとは限らず、2筆以上の宅地である場合もあり、また、1筆の宅地が2画地以上の宅地として利用されている場合もあります。これは、宅地の上に存する権利についても同様です。

### 【土地の評価を下げるポイント】

　土地の評価が下げられれば、自ずと節税につながります。土地は、利用単位となっている1区画の宅地ごとに評価されるので、利用区分を変更することにより土地評価を下げることができるわけです。たとえば、

ケース1（P85）では、専用駐車場付きアパートを建てるのであれば、その駐車場スペースの一部分を一般駐車場用にしてしまえば2区画となるため、評価を低くすることができ、節税できます。逆にケース2では、すべての専用駐車場付きのアパートのAのほうが貸家建付地減額部分が増えるので評価が低くなります。

　また、事例の場合は三大都市圏以外の地域ですが、三大都市圏の地域では「地積規模の大きな宅地」にAが該当（500㎡以上）するので、ケース1の場合は節税額は少なくなり、ケース2の場合はより大きくなります。

## *Column*
## 遺産分割した場合の1画地の宅地の評価単位の判定

　遺産の分割、贈与等による宅地の分割が行われた場合、たとえば分割後の画地が宅地として通常の用途に使用できないなど、その分割が著しく不合理であると認められるときには、その分割前の画地を1画地の宅地として評価します。

　著しく不合理と認められるのは、たとえば、①無道路地や帯状地となってしまう場合、②その地域における標準的な宅地の面積からみて著しく狭あい（面積や範囲が狭い）な宅地となる場合、③現在、将来においても有効な土地利用ができないと認められる場合などです。ただし、分割後の画地がたとえ不整形地となる場合であっても、その地域における標準的な宅地面積があり、分割に妥当性がある場合には、分割後の宅地を1画地の宅地として評価できることになります。また、不整形地の説明の中にある「かげ地」とは、想定整形地の中の不整形地以外の部分のことで、漢字では「陰地」と書きますが、「陰地」と書くと「日陰の土地」という意味にもなるので「かげ地」と書くことが多いです。

## 土地利用区分の検討（三大都市圏以外の地域・普通住宅地区）

ケース1 建築予定地が敷地として広い場合で、他の用途にも利用できるスペースがあるときは、敷地の分割（利用）次第で土地の評価額に大きな差が生じます。

(注) 借地権割合60%、借家権割合30%、賃貸割合100%、側方路線影響加算率0.03として計算

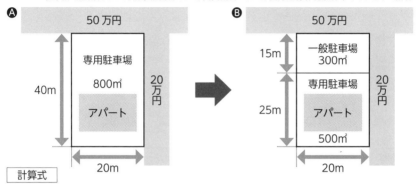

計算式

Ⓐ （50万円＋20万円×0.03）×40m×20m×（1－0.6×0.3）＝3億3,193.6万円

Ⓑ イ・一般駐車場（50万円＋20万円×0.03）×15m×20m＝1億5,180万円
　ロ・アパート 20万円×25m×20m×（1－0.6×0.3）＝8,200万円
　イ＋ロ＝2億3,380万円　＊奥行価格補正率は考慮していません。

Ⓐ－Ⓑ＝9,813.6万円　　　Ⓑのほうが約9,813.6万円評価が低くなる！

ケース2 ケース1とは逆に、1路線のみに接している土地では、下図Ⓐのようにすべて駐車場付きアパートにしたほうが土地の評価は下がります。

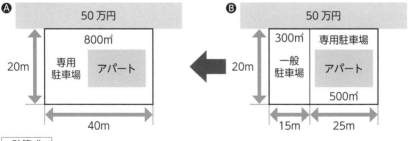

計算式

Ⓐ 50万円×20m×40m×（1－0.6×0.3）＝3億2,800万円

Ⓑ イ・一般駐車場 50万円×20m×15m＝1億5,000万円
　ロ・アパート 50万円×20m×25m×（1－0.6×0.3）＝2億500万円
　イ＋ロ＝3億5,500万円

Ⓑ－Ⓐ＝2,700万円　　　Ⓐのほうが約2,700万円評価が低くなります

## ■ 宅地比準方式による評価の場合の宅地造成費

　宅地造成費とは、農地や山林などの土地を宅地として利用する際に必要となる費用です。相続税の評価額を算出する際には、評価対象地が市街地農地・市街地周辺農地・市街地山林および市街地原野に該当する場合、評価対象地を宅地として評価した金額から宅地造成費を控除することで相続税評価額を算出します。「平坦地の宅地造成費」と「傾斜地の宅地造成費」の2種類があり、土地の状況に応じていずれかの宅地造成費を用いて評価します。

### 平坦地の宅地造成費（2023年・群馬県）

| 費目 | | 造成区分 | 金　額 |
|---|---|---|---|
| 整地費 | 整　地　費 | 整地を必要とする面積１平方メートル当たり | 700 円 |
| | 伐採・伐根費 | 伐採・伐根を必要とする面積１平方メートル当たり | 1,000 円 |
| | 地盤改良費 | 地盤改良を必要とする面積１平方メートル当たり | 1,600 円 |
| 土　盛　費 | | 他から土砂を搬入して土盛りを必要とする場合の土盛り体積１立方メートル当たり | 7,300 円 |
| 土　止　費 | | 土止めを必要とする場合の擁壁の面積１平方メートル当たり | 76,000 円 |

〈整地費〉

　凹凸がある土地の地面を地ならしするための工事費、または土盛工事を要する土地について、土盛工事をした後の地面を地ならしするための工事費をいいます。

〈伐採・抜根費〉

　樹木が生育している土地について、樹木を伐採し、根等を除去するための工事費をいいます。従って、整地工事によって樹木を除去できる場合には、造成費に本工事費を含めません。

〈地盤改良費〉

　湿田など軟弱な表土で覆われた土地の宅地造成に当たり、地盤を安定

させるための工事費をいいます。

〈土盛費〉

　道路よりも低い位置にある土地について、宅地として利用できる高さ（原則として道路面）まで搬入した土砂で埋め立て、地上げする場合の工事費をいいます。

〈土止費〉

　道路よりも低い位置にある土地について、宅地として利用できる高さ（原則として道路面）まで地上げする場合に、土盛りした土砂の流出や崩壊を防止するために構築する擁壁工事費をいいます。

### 傾斜地の宅地造成費（2023年・群馬県）

| 傾　斜　度 | 金　額 |
|---|---|
| 3度超　5度以下 | 19,300 円/㎡ |
| 5度超　10度以下 | 23,300 円/㎡ |
| 10度超　15度以下 | 35,600 円/㎡ |
| 15度超　20度以下 | 50,200 円/㎡ |
| 20度超　25度以下 | 55,600 円/㎡ |
| 25度超　30度以下 | 59,500 円/㎡ |

●「傾斜地の宅地造成費」の金額は、整地費、土盛費、土止費の宅地造成に要するすべての費用を含めて算定したものです。なお、この金額には、伐採・抜根費は含まれていないことから、伐採・抜根を要する土地については、「平坦地の宅地造成費」の「伐採・抜根費」の金額を基に算出し加算します。

●傾斜度3度以下の土地については、「平坦地の宅地造成費」の額により計算します。

●傾斜度については、原則として、測定する起点は評価する土地に最も近い道路面の高さとし、傾斜の頂点（最下点）は、評価する土地の頂

点（最下点）が奥行距離の最も長い地点にあるものとして判定します。

●宅地への転用が見込めないと認められる市街地山林については、近隣の純山林の価額に比準して評価します。従って、宅地であるとした場合の価額から宅地造成費に相当する金額を控除して評価した価額が、近隣の純山林に比準して評価した価額を下回る場合には、宅地への転用が見込めない市街地山林に該当するので、その市街地山林の価額は、近隣の純山林に比準して評価することになります。

**【宅地造成費の計算例（市街地農地等）】**

　面積「400㎡」、一面が道路に面した間口16m、奥行25mの土盛り1mを必要とする画地で、道路面を除いた三面について土止めを必要とする土地である場合――。

**(略図)**

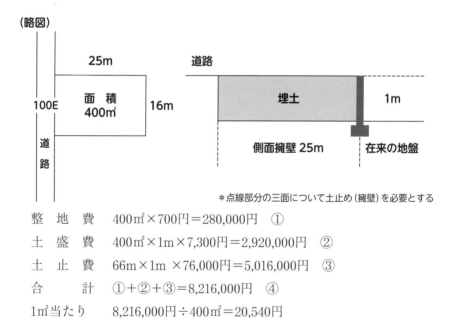

＊点線部分の三面について土止め（擁壁）を必要とする

整　地　費　　400㎡×700円＝280,000円　　①

土　盛　費　　400㎡×1m×7,300円＝2,920,000円　　②

土　止　費　　66m×1m ×76,000円＝5,016,000円　　③

合　　　計　　①＋②＋③＝8,216,000円　　④

1㎡当たり　　8,216,000円÷400㎡＝20,540円

◇上記の宅地造成費の金額を控除した「評価額の計算式」
　路線価100,000円、奥行価格補正率0.97

（100,000円×0.97－20,540円）×400㎡＝30,584,000円

以上の評価額となります。

## （A）路線価地域内にある農地の評価額

> 路線価×奥行価額補正率等＝宅地であるとした場合の1㎡当たりの評価額 ➡（宅地であるとした場合の1㎡当たりの評価額－1㎡当たりの宅地造成費）×地積＝評価額

## （B）路線価地域内にある雑種地の評価額

雑種地は、駐車場や資材置き場、ゴルフ場、遊園地など、じつにさまざまな土地が挙げられます。はじめに路線価地域か倍率地域かを確認します。路線価地域にある雑種地の評価は以下のとおりです。

> 路線価 × 奥行価格補正率等（位置、形状等の条件差等）＝宅地であるとした場合の1㎡当たりの評価額 ➡（宅地であるとした場合の1㎡当たりの評価額 － 1㎡当たりの宅地造成費）× 地積 ＝ 評価額

### ■ 地積規模の大きな宅地の評価方法

一般的な宅地として売るのが難しいほどの広い土地の場合、不動産デベロッパーなどに売却することが多いでしょう。デベロッパーは土地を一般的な宅地として適当な広さに区切り、住宅や道路の開発を行います。都市計画法に基づいて土地を戸建住宅分譲地として開発する場合、土地の中に道路や公園が必要になります。そのような公共施設のための土地を「潰れ地」といいます。「潰れ地」があると宅地として利用できる土地面積が減ってしまうため、地積規模の大きな土地の評価額は下げることができます。これを「**地積規模の大きな宅地の評価制度**」といいます。

地積規模の大きな宅地として認められるには、大きく分けて4つの適用要件があります。

1つ目が、**地区区分要件**です。普通住宅地区普通商業・併用住宅地区に所在していることです。P76の路線価図を見ていただくと、図の上に7つの地区（ビル街地区、高度商業地区、繁華街地区、普通商業・併用住宅地区、中小工場地区、大工場地区、普通住宅地区）が示されていますが、その中で無印と正円で表されている地区です。

　2つ目が、**面積要件**です。地積規模の大きな宅地とは、三大都市圏においては500平方メートル以上の地積の宅地、三大都市圏以外の地域においては1,000平方メートル以上の地積の宅地をいいます。例外規定もありますが、ここでは略します。

　3つ目が、**都市計画要件**です。市街化調整区域に所在していないこと。都市計画法の用途地域が工業専用地域に指定されている地域に所在していないこと。ちなみに、市街化調整区域とは、市街地化を抑制している地域で、原則、住宅や商業施設などの建設は認められていません。工業専用地域とは、工業の促進を図る地域です。この地域も、住居の建設は認められていません。

　4つ目が、**指定容積率要件**です。指定容積率が400％（東京都の特別区においては300％）以上の地域に所在していないことです。
「地積規模の大きな宅地の評価」の対象となる宅地は、路線価に奥行価格補正率や不整形地補正率などの各種画地補正率のほか、規模格差補正率を乗じて求めた価額に、その宅地の地積を乗じて計算した価額によって評価します。

---

**評価額＝路線価×奥行価格補正率×不整形地補正率などの各種画地補正率×規模格差補正率×地積（㎡）**

---

　倍率地域に所在する「地積規模の大きな宅地の評価」の対象となる宅地については、次に掲げる①の価額と②の価額の**いずれか低い価額により評価**します。
①その宅地の固定資産税評価額に倍率を乗じて計算した価額
②その宅地が標準的な間口距離および奥行距離を有する宅地であるとし

た場合の1㎡当たりの価額に、普通住宅地区の奥行価格補正率や不整形地補正率などの各種画地補正率のほか、規模格差補正率を乗じて求めた価額に、その宅地の地積を乗じて計算した価額

また、市街地農地等（市街地農地、市街地周辺農地、市街地山林および市街地原野をいいます）については、その市街地農地等が宅地であるとした場合に「地積規模の大きな宅地の評価」の対象となる宅地に該当するときは、「その農地が宅地であるとした場合の1㎡当たりの評価額」について「地積規模の大きな宅地の評価」の定めを適用して評価します。

各種の補正率の見方は「土地及び土地の上に存する権利の評価についての調整率表」（P78参照）に従って計算します。

ここでは一例として、**規模格差補正率**の算出方法を紹介しましょう。

規模格差補正率は、次のように計算します（小数点以下第2位未満は切り捨て）。

$$規模格差補正率 = \frac{A \times B + C}{地積規模の大きな宅地の地積（A）} \times 0.8$$

上記算式中の「B」および「C」は、地積規模の大きな宅地の所在する地域に応じて、それぞれ次に掲げる表のとおりです。

(1) 三大都市圏(注)に所在する宅地

| 地積 | 普通商業・併用住宅地区、普通住宅地区 | |
|---|---|---|
| | B | C |
| 500㎡以上1,000㎡未満 | 0.95 | 25 |
| 1,000㎡以上3,000㎡未満 | 0.90 | 75 |
| 3,000㎡以上5,000㎡未満 | 0.85 | 225 |
| 5,000㎡以上 | 0.80 | 475 |

(2) 三大都市圏以外の地域に所在する宅地

| 地積 | 普通商業・併用住宅地区、普通住宅地区 | |
|---|---|---|
| | B | C |
| 1,000㎡以上3,000㎡未満 | 0.90 | 100 |
| 3,000㎡以上5,000㎡未満 | 0.85 | 250 |
| 5,000㎡以上 | 0.80 | 500 |

(注) 三大都市圏とは、次の地域をいいます（具体的な都市町村名は法律で定められています）。
1. 首都圏整備法第２条第３項に規定する既成市街地または同条第４項に規定する近郊整備地帯
2. 近畿圏整備法第２条第３項に規定する既成都市区域または同条第４項に規定する近郊整備区域
3. 中部圏開発整備法第２条第３項に規定する都市整備区域

## 地積規模の大きな宅地の評価方法の計算例

所　　在：○○市（三大都市圏）
地　　目：宅地
路 線 価：300,000 円
地区区分：普通住宅地区
奥　　行：30 m
地　　積：600㎡

```
┌─────────────────────────────────────────────┐
│            規模格差補正率の計算                    │
│                                              │
│  規模格差補正率      600㎡ × 0.95 ＋ 25          │
│   0.79        ＝  ─────────────────  × 0.8    │
│                       600㎡                   │
│                                              │
│        （小数点以下第 2 位未満切り捨て）              │
└─────────────────────────────────────────────┘
```

計算例

（路線価）　×　[奥行 30 mに応ずる 奥行価格補正率]　＝　[奥行価格補正後の 1㎡当たりの価額]
300,000 円　×　0.95　＝　285,000 円

[奥行価格補正後の 1㎡当たりの価額]　×　（規模格差補正率）　＝　（1㎡当たりの価額）
285,000 円　×　0.79　＝　225,150 円

（1㎡当たりの価額）　×　（地積）　＝　（自用地の評価額）
225,150 円　×　600㎡　＝　135,090,000 円

（普通住宅地区）

300 千円

600㎡　　30m

## ■ 路線価が定められていない土地の評価

　もうひとつの倍率方式は、路線価が定められていない土地の評価方法です。その土地の固定資産税評価額に一定の倍率をかけて算出します。固定資産税評価額は役所で取得する固定資産評価証明書、倍率は国税庁がホームページで公表している倍率表で確認できます。同じく自用地前提の計算式は次のとおりです。

> 評価額＝固定資産税評価額×倍率

　たとえば、固定資産税評価額が1,000万円で倍率が1.1の土地だとしたら、評価額は「1,000万円× 1.1」で1,100万円になります。

## 「地積規模の大きな宅地の評価」の適用対象の判定のためのフローチャート

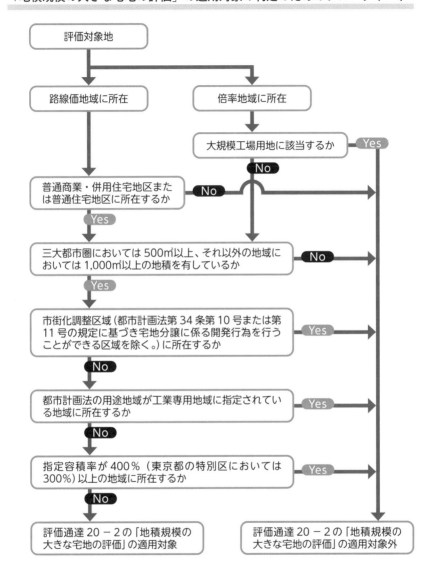

## 評価倍率表（一般の土地用）記載例

| 音順 | 町（丁目）又は大字名 | 適用地域名 | 借地権割合 | 固定資産税評価額に乗ずる倍率等 | | | | | | |
|---|---|---|---|---|---|---|---|---|---|---|
| | | | | 宅地 | 田 | 畑 | 山林 | 原野 | 牧場 | 池沼 |
| | | | % | 倍 | 倍 | 倍 | 倍 | 倍 | 倍 | 倍 |
| ね | 根小屋 | 上記以外の地域 | 40 | 1.1 | 中 90 | 中 113 | 純 48 | 純 48 | | |
| ま | 又野 | 農業振興地域内の農用地区域 | | | 純 34 | 純 54 | | | | |
| | | 上記以外の地域 | 40 | 1.1 | 純 48 | 純 67 | 純 46 | 純 46 | | |
| み | 三ケ木 | 用途地域の指定されている地域 | — | 路線 | 周比準 | 周比準 | 比準 | 比準 | | |
| | | 農業振興地域内の農用地区域 | | | 純 55 | 純 79 | | | | |

〔計算例〕

（宅地の固定資産税評価額）　（倍率）　　　（評価額）
　　10,000,000円　　×　　1.1　＝　11,000,000円

（田の固定資産税評価額）　　（倍率）　　　（評価額）
　　　　50,000円　　×　　48　＝　2,400,000円

## ■ 評価倍率表の見方

　ここでその評価倍率表を見てみましょう。評価倍率は、路線価が定められていない地域の土地を評価する場合に行います。これも「路線価図」と同様、国税庁のホームページで閲覧することができます。その図の中で「借地権割合」、「宅地」、「田」、「畑」欄とありますが、その見方を説明します。

### 1.「借地権割合」欄

　倍率地域におけるその町（丁目）または大字の地域につき、「借地権」の価額を評価する場合の借地権割合を掲げています。なお、路線価地域の借地権割合については、路線価図を参照してください。

### 2.「宅地」欄

　その町（丁目）または大字の地域の「宅地」の価額を評価する場合における固定資産税評価額に乗ずる倍率を記載していますが、「路線」

と表示してあるのは、その地域が路線価地域であることを示しています。ただし、農用地区域または市街化調整区域内に存する農業用施設用地の価額は、別の定めによって評価します。

## 3.「田」、「畑」欄

その地域の「田」、「畑」の価額を評価する場合における農地の分類、評価方式および固定資産税評価額に乗ずる倍率を記載しています。なお、農地の分類などは略称を用いて記載しています。

　　純農地……純　中間農地……中　市街地周辺農地……周比準

　　市街地農地……比準または市比準※

※「比準」、「市比準」および「周比準」と表示してある地域は、付近の宅地の価額に比準（「宅地比準方式」）して評価する地域です。近傍宅地の評価を市町村に問い合わせる必要があります。

### （A）倍率地域内にある農地

地域ごとに国税局長の定める倍率を乗じて計算した金額によって評価します。

> 近傍宅地の1㎡当たりの固定資産税評価額×宅地の評価倍率＝近傍宅地1㎡当たりの評価額　➡　近傍宅地1㎡当たりの評価額×位置、形状等の条件差（補正率等）＝宅地であるとした場合の1㎡当たりの評価額　➡　（宅地であるとした場合の1㎡当たりの評価額－1㎡当たりの宅地造成費）×地積＝評価額

### （B）倍率地域内にある雑種地の評価額

雑種地が倍率地域に該当する場合には、市街化区域か市街化調整区域かを確認します。市街化区域にある雑種地を倍率方式で評価する場合、原則として、その雑種地の現況に応じ、状況が類似する付近の土地の価額をもととして、その土地とその雑種地との位置、形状等の条件の差を考慮して評価します。

〈市街化区域にある雑種地の評価の算式〉

> （近傍宅地の1㎡当たりの固定資産税評価額×宅地の評価倍率×普通住宅地区の画地補正率－1㎡当たりの宅地造成費）×地積＝評価額

　市街化調整区域にある雑種地を倍率方式で評価する場合、原則として、現況が類似する地目の判定を行います。類似する地目が宅地の場合には、宅地比準方式で、農地、山林、原野である場合には、農地比準、山林比準、原野比準方式で評価することになります。

〈市街化調整区域にある雑種地の評価の算式〉

> 近傍宅地の1㎡当たりの固定資産税評価額×宅地の評価倍率＝近傍宅地の1㎡当たりの評価額　➡　近傍宅地の1㎡当たりの評価額×位置、形状等の条件差（補正率等）＝宅地であるとした場合の1㎡当たりの評価額　➡　（宅地であるとした場合の1㎡当たりの評価額－1㎡当たりの宅地造成費）×地積＝評価額

## 5. 土地の上に存する権利の評価区分

　土地の上に存する権利の価額は、借地権、定期借地権等、区分地上権、地上権、区分地上権に準ずる地役権、賃借権、永小作権、耕作権、温泉権、占用権の別に評価します。

■ 耕作権の目的となっている農地の評価

　耕作権は、小作料を支払い他人の土地を耕作することができる権利をいいます。耕作権の評価額は、原則として農業委員会に所定の届出をすることにより耕作権として保護され、その農地の自用地としての評価額に、農地の区分に従い耕作権の割合を乗じて算出します。**耕作権割合については、各国税局管内ごとに決められています。**

　農地の評価は、はじめに「固定資産税評価額」を固定資産評価証明書

等から確認します。「評価倍率」を国税庁のホームページに掲載されている「路線価図・路線価倍率表」で確認します。「固定資産税評価額」に「評価倍率」を乗じて「自用地」としての評価額を計算します。次に、耕作権が設定されている場合の農地の評価額は、次の算式により算出します。

> 自用地としての評価額×（1－耕作権割合）＝農地の評価額

◇耕作権の評価

　相続税の財産評価においては、農業委員会に届出がない場合は耕作権は保護されず、評価上、耕作権は斟酌されないため、控除なしの「自用地」として評価されますが、農業委員会に届出があれば「自用地としての評価額」に「耕作権割合」を乗じて評価額を算出します。

〈耕作権の評価の算式〉

> 自用地としての評価額×耕作権割合＝耕作権評価額

### 耕作権の評価（2022年・群馬県）

| 農地の評価上の区分 | 耕作権割合 |
|---|---|
| 純農地・中間農地 | 100分の50 |
| 市街地周辺農地 | 100分の30 |
| 市街地農地 | |

市街地周辺農地および市街地農地の耕作権の価額は、その農地が転用される場合に通常支払われるべき離作料の額、その農地の付近にある宅地に係る借地権の価額等を参酌して評価しますが、100分の30を乗じて計算した価額により評価しても差し支えありません。

## ■ 宅地の上に存する権利の評価例

　自宅や事務所を建てる際、故人が土地を借りていた場合はどうなるのでしょうか。

　借りた土地に建物を建てて自由に使える権利を「借地権」といいます。この借地権も相続財産として評価されます。

　借地権の評価額は、通常の土地価格に借地権割合をかけて算出します。計算式は以下のとおりです（借地権割合は地域ごとに決められていて、路線価図で確認できます）。

〈普通借地権の評価額の算式〉

---

### 自用地評価額×借地権割合＝評価額

---

たとえば、下記図の場合——

| 記号 | 借地権割合 |
|------|-----------|
| A | 90% |
| B | 80% |
| C | 70% |
| D | 60% |
| E | 50% |
| F | 40% |
| G | 30% |

自用地評価額　1億円

借地権割合　70%

---

　　　自用地評価額　　　借地権割合　　借地権の評価額
　　100,000,000円　×　70%　＝70,000,000円

---

となります。

## 土地の上に存する権利の評価

| 区分 | 概要 |
|------|------|
| 借地権 | 建物の所有を目的とする地上権または土地の賃借権（定期借地権等を除く） |
| 定期借地権等 | 借地契約の更新がなく、契約期間満了により確定的に借地権が消滅するもので、一般定期借地権、建物譲渡特約付借地権および事業用借地権がある |
| 区分地上権 | 建物、トンネル、道路等の所有を目的とした、地下または空中の地上権 |
| 地上権 | 他人の土地において工作物または竹木を所有するために、その土地を使用する権利（区分地上権、借地権および定期借地権等を除く） |
| 区分地上権に準ずる地役権 | 特別高圧架空電線の架設等の目的のため、地下または空中について上下の範囲を定めて設定される地上権で、建造物の設置を制限するもの |
| 賃借権 | 賃貸借契約に基づき賃借人が目的物たる土地を使用収益することができる権利（借地権、定期借地権等、耕作権および温泉権を除く） |
| 永小作権 | 小作料を支払って他人の土地を耕作または牧畜をする権利 |
| 耕作権 | 賃借権に基づいて土地を耕作することができる権利 |
| 温泉権 | 鉱泉地において温泉を排他的に利用できる権利（引湯権を含む） |
| 占用権 | 河川占用許可や道路占用許可等に基づく経済的利益を生ずる権利等 |

## 6. 建物・借地権等の評価

■ 建物（家屋）の評価

　自宅や事業用店舗の建物（家屋）は倍率方式で評価します。固定資産税評価額に全国一律の倍率1.0をかけて算出するため、固定資産税評価額がそのまま評価額になります。計算式は以下のとおりです（固定資産税評価額は前述したとおり役所で取得する固定資産評価証明書で確認できます）。

> **固定資産税評価額×倍率1.0**

　たとえば、固定資産税評価額が1,000万円の建物の場合、評価額は「1,000万円× 1.0」で1,000万円になります。

■「貸宅地」の評価方法

　一方、被相続人の貸した土地に、第三者が自宅や事務所を建てていた場合はどうなるか。

　該当の土地は「貸宅地」といい、同様に相続財産として評価されます。他人に貸している土地でも借地人の権利があり、すぐに明け渡してもらうようなことはできません。そのため、評価額を算出する際には通常の土地価格から借地人の持つ借地権を控除できることになっています。計算式は次のとおりです。

　　自用地評価額×（1－借地権割合）＝貸宅地の評価額

　たとえば、更地価格が1,000万円、借地権割合が70％の場合、貸宅地の評価額は「1,000万円×（1－0.7）」で300万円になります。

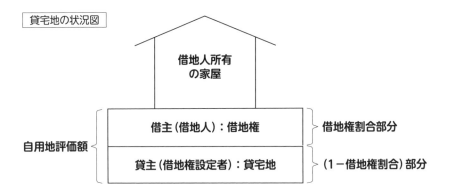

貸宅地の状況図

■「貸家建付地」の評価方法

　所有する土地に被相続人が貸家や賃貸アパート・マンションを建てていた場合の評価方法も見ていきましょう。

　該当の土地は「貸家建付地」といいます。

　他人に建物を貸すと、所有する土地でも敷地の利用は思いどおりにいかなくなり、処分を考えたとしても簡単に売却することはできません。借家人には「借家権」と呼ばれる権利があり、法的に保護されているからです。

貸家建付地はそういった制約を受ける部分を、評価額を算出する際に自用地の評価額から控除できることになっています。計算式は次のとおりです。

> 自用地評価額×（1−借地権割合×借家権割合×賃貸割合）

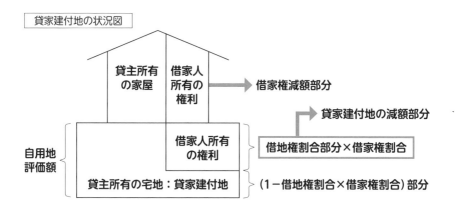

貸家建付地の状況図

　借地権については前述しましたが、借地権と借家権は混同しやすいので注意しなければなりません。両者には大きな違いがあります。簡単にいえば、

・借地権……建物を建てて所有するために土地を借りる権利
・借家権……土地の上にある建物を借りる人に認められる権利
　と認識すればいいでしょう。

　この計算式の借家権割合とは、借家権が設定された土地や建物を相続した際、その土地や建物の相続税評価額を計算式に算入する割合です。借家権の分だけ相続税評価額を減額することが認められており、全国一律で30％と定められています。アパート・マンションなどの場合の賃貸割合とは、貸し出されている部屋の床面積の割合です。

　たとえば、自用地評価額が1,000万円、借地権割合が60％、借家権割合が30％、賃貸割合が50％の場合、貸家建付地の評価額は「1,000万円×（1−0.6×0.3×0.5）」で910万円になります。

なお、親の土地に子どもが賃貸アパートを建てたケースや、無償で土地建物を貸しているケースなどは「使用賃貸」と呼ばれ、貸家建付地に当たりません。借地権はないものとされるため、先の例に当てはめると、評価額は「1,000万円×（1－0×0.3）」で1,000万円になります。すなわち、賃貸アパートなどが建っていたとしても、更地価額の評価になってしまうわけです。

■ 相続では満室のほうが有利の「賃貸割合」とは

相続した土地にアパートなどの賃貸住宅が建っている場合、相続税は貸家建付地としての評価減を受けることができます。この賃貸割合は前述した計算式にあるように、貸家建付地の相続税評価額の算出で用いられます。満室の場合を100％とするもので、満室に近づくほど相続税が多く軽減され、空室が多いと負担が重くなるので不利です。

賃貸割合を算出するタイミングは相続開始の時点ですが、アパートやマンションの場合では一時的な空室の場合は賃貸中とみなされることもあります。

〈賃貸割合の算式〉

$$\frac{（A）のうち課税時期において賃貸される各独立部分の床面積}{当該家屋の各独立部分の床面積の合計（A）}$$

■ 借家人が退去した空き家（独立家屋）の敷地

貸家建付地の評価をする宅地は、借家権の目的となっている家屋の敷地として供されているものに限られます。以前は貸家であっても、課税時期において空き家になっている家屋の敷地の用に供されている宅地は、自用地としての価額で評価します。

また、その家屋が賃貸専用として新築されたとしても、課税時期において現実に貸し付けられていない家屋の敷地については、自用地としての価額で評価します。

## ■ 建設中の家屋の評価

では、賃貸アパートなどを建設中の場合はどうなるか。その家屋も評価対象とされます。

課税時期までに投下された費用現価の7掛けで評価します。「費用投入原価×0.7」の計算です。

費用原価の額は請負契約書や領収書で確認します。たとえば、1億円を投じていたとしたらその7割、7,000万円が評価額となります。

## ■ 相当の地代を支払っている借地権等の取り扱い

借地権の設定に際し、その設定の対価として権利金やその他の一時金を支払う取引上の慣行がある地域において、権利金等を支払わずに土地の賃貸借契約を結び借地権の設定を受けた場合には、借地権者は原則として、借地権に相当する経済的な利益の贈与を受けたものとして贈与税の課税関係が生じることになります（相続税法9）。

ただし、その権利金等の支払いに代えて、相当の地代を支払うことにしている場合は、借地権の設定による経済的利益の贈与はないものとし

### 相当の地代を支払っている場合の借地権・底地の評価

| 実際に支払われている地代 | 借地権の価額 | 底地の価額 |
|---|---|---|
| ①相当の地代が<br>　支払われている場合 | 0 | 自用地評価額の80% |
| ②通常の地代を超え<br>　相当の地代に満たない地代が<br>　支払われている場合 | 下記算式※<br>により評価 | 自用地評価額－左の借地権価額<br>（自用地評価額の80%を限度） |
| ③通常の地代が<br>　支払われている場合 | 自用地評価額×<br>路線価図等に<br>定める借地権割合 | 自用地評価額－左の借地権価額 |
| ④法人との間で<br>　「無償返還に関する届出書」が<br>　提出されている場合 | 0 | 自用地評価額の80%<br>（使用貸借の場合は100%） |

※算式
自用地評価額（更地）× $\left\{$ 借地権割合× $\left( 1 - \dfrac{実際の地代の年額－通常の地代の年額}{相当の地代の年額－通常の地代の年額} \right) \right\}$ ＝相当の地代

て取り扱われます。そして、その後の相続や贈与が生じたときの借地権の価額および借地権の目的になっている宅地（底地）の価額は、実際に支払われている地代のそのときの土地の自用地評価額に対する割合に応じて次の表のとおり算出します。

※計算式中の「相当の地代の年額」は、不十分な権利金の授受がある場合でも「自用地評価額の過去3年間の平均額×6％」で計算します。

―用語の説明―

　Ⓐ相当の地代の年額：自用地評価額の過去3年間の平均額×6％

　Ⓑ通常の地代の年額：底地評価額の過去3年間の平均額の6％

〈算式〉

---

**（自用地評価額の過去3年間の平均額）×（1－借地権割合）×6％ ＝通常の地代**

---

底地価額：借地権の設定に際し、通常権利金を支払う取引上の慣行がある地域において、通常の賃貸借契約に基づいて支払われる地代で、その額は、自用地評価額から通常の借地権割合により計算した借地権価額を控除した価額

## ※P103の①の場合の株式の評価との関連

　自用地としての評価額から底地価額を控除された20％に相当する金額については、被相続人が同族関係者となっている同族会社がその会社の借地権者である場合には、その金額をその同族会社の株式の評価上、純資産額に算入して計算することとされています。


### ■ 相当の地代に満たない地代が授受されている借地権等の価額

①課税時期の土地の自用地の評価額（更地）　　　1,200万円

②土地の自用地の評価額（過去3年間の平均額）　1,000万円

③借地権割合　　　　　　　　　　　　　　　　　　70％

④相当の地代の年額（②×6％）　　　　　　　　　60万円

⑤実際に授受されている地代の年額　　　　　　　36万円

⑥通常の地代の年額　　　　　　　　　　　　　　18万円

（借地権の価額の計算）

$$1,200 \text{万円} \times 0.7 \left( 1 - \frac{36\text{万円} - 18\text{万円}}{60\text{万円} - 18\text{万円}} \right) = \underline{480\text{万円}}$$

（貸宅地（底地）の価額の計算）　1,200万円 − 480万円 ＝ 720万円

（1,200万円 × 80% ＞ 720万円）

※実際に授受されている地代の年額36万円は、②1,000万円×6％＝60万円の相当の地代に満たないものです。

## ※P103の②の場合の株式の評価との関連

　自用地としての評価額から※1の算式による金額を控除して算出された「地代調整貸宅地価額」がその土地の自用地としての評価額の80％を超える場合のその超える金額については、被相続人が同族関係者となっている同族会社がその会社の借地権者である場合には、その金額をその同族会社の株式の評価上、純資産額に算入して計算することとされています。

## ※P103の④の場合の株式の評価との関連

　自用地としての評価額から底地価額を控除した後の20％に相当する金額については、被相続人が同族関係者となっている同族会社がその会社の借地権者である場合には、その金額をその同族会社の株式の評価上、純資産額に算入して計算することとされています。

## ■ 使用賃借について

　使用賃借とは、借主が貸主から無償で借りたものを使用し、その後に、借り物自体を返すことを約束することによって成立する契約をいいます。借主と貸主との間で、権利金の授受がなく、授受される地代はその宅地の固定資産税相当額以下となります。

　たとえば、自用宅地を使用賃借により貸し付けた次の2つのケースを考えてみましょう。

　①A所有の宅地をBが使用賃借により借り受け、家屋を新築した場合

　②A所有の家屋とその敷地のうち、家屋のみBが贈与を受け、Bが使

用貸借により借り受けることとなった場合

使用貸借開始時は、①②ではBの宅地に対する権利は0として取り扱われ、なんら課税関係は生じません。

相続開始時は、Aが死亡時の場合、A所有の宅地について自用地評価額で相続税が課税され、Bが死亡時の場合、B所有の家屋（自用家屋または貸家）のみで相続税が課税されます。

## ■「無償返還届出書」が提出されている場合の取り扱い

### 1. 借地権の評価

相続または遺贈により借地権を取得した際、「無償返還届出書」が提出されている場合には、その借地権の価額は0として評価します。

### 2. 貸宅地の評価

相続または遺贈により借地権が設定されている宅地を取得した際、無償返還届出書が提出されている場合には、その貸宅地の評価額はその宅地の自用地としての評価額の80％に相当する金額によって評価します。

## ■ 定期借地権等について

定期借地権等とは、借地借家法に規定する借地権の存続期間満了時において更新を前提とした普通借地権のほか、更地を前提としていない「**定期借地権**」「**事業用定期借地権等**」「**建物譲渡特約付借地権**」の3種類を総称したものであり、いずれも普通借地権契約の特約として位置づけられています。

なお、「**定期借地権**」を他の2種類と区別するために税法上は「**一般定期借地権**」としています。

定期借地権等の目的となっている宅地（貸宅地）の評価額は、原則として、その宅地の自用地評価額から定期借地権等の評価額を控除した金額によって評価します。

ただし、定期借地権等の評価額が、その宅地の自用地評価額に「定期借地権等の残存期間に応じる減額割合」を乗じて計算した金額を下回る

Column
## 借地権の及ぶ範囲は広くてさまざま

　借地権の及ぶ範囲は必ずしも建物敷地に限りません。一律に借地権の及ぶ範囲を定めることが困難だからです。たとえば、レストランやショッピングセンターなどは建物の敷地と駐車場用地が不特定多数の人の通行に使われます。その際、道路などによって物理的に分離される場合には、それぞれの土地に存する権利を別々に判定するのです。このように借地権の及ぶ範囲は、借地契約の内容（権利金や地代の算定根拠、土地利用の制限など）に基づいて合理的に判定すべきと考えられています。

　他に、建設工事の現場事務所やイベント用建物など、その性質上、臨時的な設備の所有を目的とする場合は、一時使用の借地権の価額を通常の借地権の価額と同様に評価するのは適当ではないため、雑種地の賃借権の評価方法に準じて評価します。

　いずれにせよ、借地権を相続財産と認識しておおよその価額を把握しておかないと、相続人に重い税負担を強いることにもなりかねないので、注意が必要です。

場合には、その宅地の自用地としての評価額からその評価額に「定期借地権等の残存期間に応じる減額割合」を乗じて計算した金額を控除した金額によって評価します。計算式は次のとおりです。

〈評価算式〉

| |
|---|
| （イ）自用地評価額－定期借地権等の価額 |
| （ロ）自用地評価額×（1－減額割合） |
| （ハ）（イ）か（ロ）の低い方 |

　定期借地権等の残存期間に応じる減額割合と金額については、課税時期から満了日までの期間に応じて、次に示すとおりに選定します。

| 賃貸契約期間の残存期間 | 減額割合 | 金額 |
|---|---|---|
| 5年以下のもの | 100分の5 | 自用地評価額×95% |
| 5年を超えて10年以下のもの | 100分の10 | 自用地評価額×90% |
| 10年を超えて15年以下のもの | 100分の15 | 自用地評価額×85% |
| 15年を超えるもの | 100分の20 | 自用地評価額×80% |

　なお、定期借地権等の評価の算定は難易度が高いので、税理士等の専門家に依頼しましょう。

## 7. 有価証券（上場株式、非上場株式）の評価

　有価証券の代表格である株式の評価は、上場株式と非上場株式で異なります。

　上場株式とは、証券取引所に上場され、日々取引が行われている株式のことです。上場株式の評価額は次の4つのうちの最も低い価格になります。

・相続が発生した日の最終価格
・相続が発生した月の最終価格の月平均額
・相続が発生した月の前月の最終価格の月平均額
・相続が発生した月の前々月の最終価格の月平均額

　最終価格は「終値」を意味します。

　たとえば、被相続人が7月1日に亡くなったとしましょう。その日の上場株式の終値は2,000円。同じ株式の7月の終値の平均額は1,800円、前月6月の終値の平均額は1,600円、前々月5月の終値の平均額は1,400円だったとします。

　この場合、最も低い価格は5月の終値の平均額1,400円です。仮にその上場株式を1万株持っていたら、評価額は「1,400円×1万株」で1,400万円になります。

■ 非上場株の評価は会社規模や同族株主か否かで異なる

　一方、非上場株式とは、証券取引所に上場されていない会社のことです。非上場株式の評価は、まず、故人が所有している議決権（通常は株式数または口数）により同族株主（評価対象となる会社の議決権を合計30％以上保有するグループに属している株主）か、それ以外の株主かを判定します。前者は原則的評価方式（会社の実態に即して評価する方法）、後者は配当還元方式（配当金額をもとに株価を評価する方法）で評価することになっています。**原則的評価方式**については、会社の規模によってさらに次の3つに分かれます。

・大会社→類似業種比準価額方式
・中会社→純資産価額と類似業種比準価額との併用方式
・小会社→純資産価額方式

■ 類似業種比準価額方式とは

　大会社の類似業種比準価額方式とは、同じような業種の上場企業の株価や配当、利益、純資産額を考慮して、株価を評価する方法です。

　**類似業種比準価額**は次の計算式により評価します。

計算式

$$A \times \left( \cfrac{\cfrac{Ⓑ}{B} + \cfrac{Ⓒ}{C} + \cfrac{Ⓓ}{D}}{3} \right) \times \begin{cases} 0.7 \text{ 大会社} \\ 0.6 \text{ 中会社} \\ 0.5 \text{ 小会社} \end{cases} = \text{類似業種比準価額}$$

（斟酌率）

A ＝類似業種の株価
Ⓑ ＝評価会社の1株当たりの配当金額
Ⓒ ＝評価会社の1株当たりの利益金額
Ⓓ ＝評価会社の1株当たりの純資産価額（帳簿価額）
B ＝課税時期の属する年の類似業種の1株当たりの配当金額
C ＝課税時期の属する年の類似業種の1株当たりの利益金額
D ＝課税時期の属する年の類似業種の1株当たりの純資産価額（帳簿価額）

小会社の**純資産価額方式**とは、会社の全資産を相続税評価額としての時価評価額と全負債との差額である純資産評価額を算出し、株価を評価する方法です。

中会社の併用方式は両方式の折衷で、類似業種比準価額方式と純資産価額方式を会社の売上規模や資産額規模および従業員の人数の割合で、中会社の大、中、小の区分に応じ、類似業種比準方式と純資産価額方式の組み合わせ比率（類似業種比準価額の割合⇒0.90、0.75、0.60）を併用して株価を評価します。

■ 配当還元方式とは？

同族株主等以外の株主および同族株主等のうち少数株主が取得した株式については、その発行会社の会社規模にかかわらず、配当還元価額で評価します。ただし、その金額が原則的評価方式により計算した金額を超える場合には原則的評価方式より計算した金額で評価します。

**配当還元価額**は次の計算式により評価します。

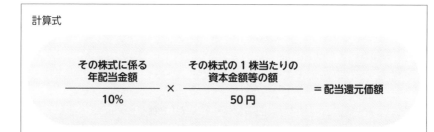

計算式

$$\frac{その株式に係る年配当金額}{10\%} \times \frac{その株式の1株当たりの資本金額等の額}{50円} = 配当還元価額$$

＊1　上記計算式の「その株式に係る年配当金額」は1株当たりの資本金等の金額を50円とした場合の金額。50円以外の場合は、評価会社の直前期末における1株当たりの資本金等の額の50円に対する倍数を乗じて調整した金額で計算する

＊2　上記計算式の「その株式に係る年配当金額」の2円50銭未満のものおよび無配のものは2円50銭とする

非上場株式の評価計算は難しいため、相続税専門の税理士に依頼するのが最善策でしょう。

# 取引相場のない株式の評価上の区分と評価方法の判定

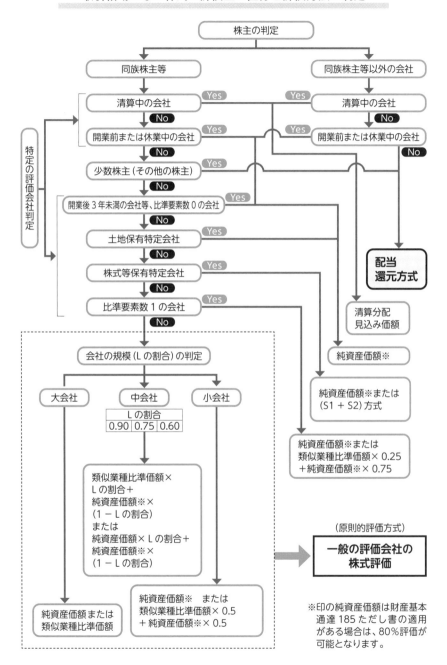

## 非上場株の評価

| 会社の規模 | | 原則的評価（例外あり） | 配当利回りで評価 |
|---|---|---|---|
| 大会社 | | 類似業種比準価額 | 配当還元価額 |
| 中会社 | 大 | 類似業種比準価額 × 0.90 ＋純資産価額 × 0.10 | |
| | 中 | 類似業種比準価額 × 0.75 ＋純資産価額 × 0.25 | |
| | 小 | 類似業種比準価額 × 0.60 ＋純資産価額 × 0.40 | |
| 小会社 | | 純資産価額 | |

＊純資産価額は相続税評価額で計算した価額。

## 特殊な非上場株式会社の評価

| 特殊なケース | 評価方式 |
|---|---|
| 比準要素1の会社 ※1 | 併用方式（類似業種比準価額×25％＋純資産価額×75％）と純資産価額のいずれか低い方 |
| 株式保有特定会社 ※2 | 純資産価額方式または S1 ＋ S2 方式 ※2-1 |
| 土地保有特定会社 ※3 | 純資産価額方式 |
| 開業後3年未満の会社等 ※4 | 純資産価額方式<br>（同族株主以外の株主等が取得した場合）配当還元方式 |
| 開業前または休業中の会社 ※5 | 純資産価額方式 |
| 清算中の会社 ※6 | 精算分配見込み金に基づき評価 ※7 |

※1 比準要素数1の会社とは、直前期末の類似業種比準方式の3つの比準要素である1株当たりの「配当」「利益」「純資産」のそれぞれの金額のうち、いずれか2つが0であり、かつ、直前々期末を基準にして同様に3つの比準要素の金額を計算した場合に、それぞれの金額のうち、いずれか2つ以上が0の評価会社（他の特定の評価会社に該当するものを除く）をいいます。ちなみに「配当」と「利益」の金額は、直前期末以前3年間の実績をもとに判定します。
※2 株式保有特定会社とは、株式等の合計保有額がその会社の総資産価額の50％以上を保有する会社をいいます。
※2-1 株式保有特定会社の簡易評価方法（S1 ＋ S2 方式）とは、保有株式等以外の資産を原則的評価方式により評価した価額（S1）と、保有株式等を純資産価額方式により評価した価額（S2）の合計額により評価します。
※3 資産のほとんどが土地である会社をいいます。総資産に占める土地等の保有割合が、「大会社」の場合は70％以上、「中会社」の場合は90％以上の会社が該当します。「小会社」は原則として、土地保有特定会社にはなりませんが、一部70％または90％で判定する「小会社」もあります。
※4 「開業」とは、評価会社がその目的とする事業活動を開始することにより収益（収入）が生じることをいい、会社の設立とは異なります。
※5 休業中の会社とは、課税時期において相当長期間にわたって休業中である会社をいい、最近に始まった一時的な休業で、近く事業が再開されるようなものは該当しません。
※6 課税時期において清算に入っている会社
※7 分配を行わず、長期にわたり清算中のままになっている会社については、清算の分配を受ける見込みの金額や分配を受けると見込まれる日までの期間の算定が困難であると見込まれることから、純資産価額で評価することとしています。

# 8. 株主の判定

## ■ 同族株主のいる会社、いない会社の区分

　同族株主とは、課税時期におけるその株式の発行会社の株主のうち、

株主の1人（納税事務者に限らない）およびその同族関係者の有する議決権の合計数がその会社の議決権総数の30％以上である場合におけるその株主およびその同族関係者をいいます。

なお、株主の1人およびその同族関係者の有する議決権の合計数が最も多いグループ（筆頭株主グループ）の有する議決権の合計数がその会社の議決権総数の50％超である場合は、上記の30％以上は50％超となります。

■ 同族関係者とは？

## 1）個人たる同族関係者

①株主等の親族

②株主等との婚姻の届出がなく事実上婚姻関係と同様の事情にある者

③個人である株主等の使用人

④上記に掲げる以外の者で個人である株主等から受ける金銭その他の資産によって生計を維持している者

⑤上記の②③④に掲げる者と生計を一にするこれらの者の親族

## 2）法人たる同族関係者

①株主等の1人が他の会社（同族会社かどうかを判定しようとする会社以外の会社。以下同）を支配している場合における当該他の会社。ただし、同族関係会社であるかどうかの判定の基準となる株主等が個人の場合は、その者および上記1）の同族関係者が他の会社を支配している場合における当該他の会社（以下②および③も同じ）。

②株主等の1人およびこれと特殊の関係にある①の会社が他の会社を支配している場合における当該他の会社

③株主等の1人並びにこれと特殊の関係のある①および②の会社が他の会社を支配している場合における当該他の会社

④上記①から③の場合に、同一の個人または法人の同族関係者である2以上の会社が判定しようとする会社の株主等（社員を含む）である場合には、その同族関係者である2以上の会社は、相互に同族関係者であるものとみなされる

## 同族株主のいる会社の株主および評価方法の判定

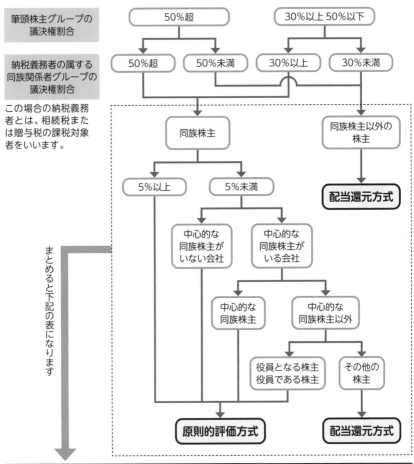

筆頭株主グループの
議決権割合

納税義務者の属する
同族関係者グループの
議決権割合

この場合の納税義務
者とは、相続税また
は贈与税の課税対象
者をいいます。

まとめると下記の表に
なります

| 区分 | 株主の態様 | | | | 評価方式 |
|---|---|---|---|---|---|
| 同族株主のいる会社 | 同族株主 | 取得後の議決権割合が5%以上の株主 | | | 原則的評価方式 |
| | | 取得後の議決権割合が5%未満の株主 | 中心的な同族株主がいない場合 | | |
| | | | 中心的な同族株主がいる場合 | 中心的な同族株主 | |
| | | | | 役員である株主または役員となる株主 | |
| | | | | その他の株主 | 配当還元方式 |
| | 同族株主以外の株主 | | | | |

＊非上場の会社の株式の評価方法の判定や、評価額の算出については、非常に複雑かつ難解なので、詳しくは税務署または税理士にご相談ください。

## 9. 株式以外の有価証券や普通・定期預金の評価方法

　株式以外の有価証券は、まず証券投資信託（株式や債券のような有価証券に投資する投資信託）の受益証券は解約請求した際に証券会社から支払われる額、貸付信託の受益証券は信託銀行が相続開始当日に買い取るとした買取価格で評価されます。公社債は利付公社債、割引公社債、転換社債に分けられ、その種類によって評価方法が異なります。

　ちなみに普通預金は、相続開始日の時点で金融機関に預けてある残高がそのまま評価額になります。定期預金など貯蓄性が高いものは、預入額に課税時期現在の既経過利子を加えて評価します。

### その他の主な財産の評価方法

| その他の主な財産の評価方法 | | |
|---|---|---|
| **現預金** | 普通預金 | 預入残高 |
| | 定期預金 | 預入残高＋既経過利子－既経過利子にかかる源泉徴収額（20%分） |
| **利付公社債** | 上場銘柄 | 相続開始日の最終価格＋既経過収益額－源泉所得税相当額 |
| | 売買参考統計値公表銘柄 | 相続開始日の平均値＋既経過収益額－源泉所得税相当額 |
| | その他 | 発行価額＋既経過収益額－源泉所得税相当額 |
| **割引発行の公社債** | 上場銘柄 | 相続開始日の最終価格 |
| | 売買参考統計値公表銘柄 | 相続開始日の平均値 |
| | その他 | 発行価額＋（券面額－発行価額）×発行日から課税時期までの日数÷発行日から償還期限までの日数 |
| **貸付信託・投資信託の受益証券の評価方法** | 貸付信託の受益証券 | 元本の額＋既経過収益額－源泉所得税相当額－買取割引料 |
| | 証券投資信託の受益証券 | 1口当たりの基準価額×口数－解約請求した場合の源泉徴収所得税額－解約手数料 |
| | 上場している証券投信の受益証券 | 上場株式の評価方法と同じ |

## 10. その他の財産評価

　相続税の課税対象となるその他の財産には、ゴルフ会員権、自動車、家庭用財産、貴金属、書画骨董などが挙げられます。それぞれの評価方法を見ていきましょう。

## ◆ゴルフ会員権

ゴルフ会員権は、取引相場のある会員権と取引相場のない会員権で評価方法が異なります。

取引相場のある会員権は通常、取引価格の70%で評価します。

ゴルフ会員権には、預託金を必要とするものがあります。取引相場のある会員権の中で預託金を必要とし、取引価格に含まれていない場合はその分を加算しなければなりません。

取引相場のある会員権については、株主でなければ会員になれないもの、前述した預託金を必要とするものなどがあり、それぞれ規定の方法に従って評価します。

なお、単にプレーができるだけの会員権（株式を所有する必要がなく、かつ、譲渡できない会員権で、預託金などの返還がないもの）は評価されません（つまり、相続財産に含まれません）。

## ◆自動車

原則として、市場での売買価額や専門家の意見などを参考として評価します。実務的には、以下のような方法が考えられます。

・中古車買い取り業者の査定価格を参考にする
・車種、年式、走行距離などが類似した中古車の売出価格を参考にする
・実際の売却価格を参考にする
・相続開始時の新品価格から減価償却相当額を控除した価格

## ◆家庭用財産

家庭用財産とは、家具や家電製品などのことです。自動車と同じく、類似品の市場での売買価額や買い取り業者の見積もりなどをもとに評価します。家庭用財産は1個ずつ評価するのが原則ですが、1個または1組の価額が5万円以下のものは、「家財道具一式」として一括概算計上することも可能です。

## ◆貴金属、書画骨董

希少価値や美術的な価値があるものは、類似品の市場での売買価額や鑑定士などの専門家の鑑定額を参考に評価します。

# Ⅱ 相続税計算の基本的な仕組みと申告納付

## 1. 基礎控除と相続人の数

　国税庁が発表した2021年分の相続税の課税対象割合は全国平均で9.3％でした。100件の相続のうち、相続税を納めているのは9件程度に過ぎないということです。2020年分の同数値は8.8％、2019年分の同数値は6.8％でした。

　この結果からわかるように、相続税は相続財産を取得した人全員に課せられるわけではありません。

　相続税がかかる、かからないのボーダーラインとなるのが「基礎控除」と呼ばれる非課税枠です。

　被相続人の遺産総額から導かれた「正味の遺産額」が基礎控除額を超えると、超えた部分の相続財産を相続税の課税対象とし、申告が必要になります。

　一方で「正味の遺産額」が基礎控除額以下であれば相続税はかからず、申告不要になります。

　基礎控除額を算出する計算式は次のとおりです。

---

### 3,000万円＋（600万円×法定相続人の数）

---

　たとえば、法定相続人が配偶者と子ども2人であれば、基礎控除額は「3,000万円＋（600万円×3人）」で4,800万円になります。

　このとき、「正味の遺産額」が4,800万円を超えたら相続税が課せられ、4,800万円以下であれば相続税は課せられません。

### ■ 代襲相続や養子縁組での相続人の数に注意

　法定相続人が多いほど、基礎控除の非課税枠は大きくなります。1人

増えるごとに、基礎控除額は600万円プラスされていく計算です。

　法定相続人の数は、相続が発生したときの家族構成で決まります。家族構成によっては法定相続人の数が増え、基礎控除額の増加につながることもあります。代表的な2つのケースを紹介しましょう。

　1つは代襲相続の場合です（第1章P18参照）。

　たとえば、被相続人の配偶者と子ども2人が法定相続人で、うち1人の子どもが亡くなり、代わりに2人の孫が相続人になったとします。この場合、本来なら配偶者と子ども2人を合わせた計3人が法定相続人ですが、代襲相続によって配偶者と子ども1人、孫2人を合わせた計4人が法定相続人になるのです。

　基礎控除額で考えると、

・3,000万円＋（600万円×3人）＝4,800万円

↓

・3,000万円＋（600万円×4人）＝5,400万円

　と、600万円増えます。

　もう1つは、養子縁組があった場合です。

　被相続人が養子縁組を行っていたら、養子にも相続権が発生して法定相続人の1人として数えられます。その分、基礎控除額は増えることになるのです。

　ただ、養子を無条件に法定相続人としてカウントできるわけではありません。民法上、養子縁組は何人とでも可能ですが、相続税法上では制限なく養子縁組を認めると、いくらでも相続税を減らすことができてしまいます。そこで相続税の基礎控除額を計算する際、法定相続人の数に含められる養子の数に制限を設けています。

・被相続人に実子がいる場合、法定相続人としてカウントする養子の数は1人まで

・被相続人に実子がいない場合、法定相続人としてカウントする養子の数は2人まで

　というルールです。この上限を超えた養子縁組は基礎控除額の増加に

ならないことを頭に入れておきましょう。ただし、特別養子は実子扱いとなるので注意を！（第1章P21コラム参照）

## 2. 相続税率と速算表

国税庁のホームページでは、以下で紹介する相続税の速算表を公開しています。同表からわかるように、相続税の税率は10 ～ 55％です。

相続した財産が高額になればなるほど、相続税の税率は上がります。最高税率55％の対象なら税負担は半分以上です。

「遺産総額に対して、当てはまる税率をかければいいの？」

「遺産総額が1億円の場合、税率30％だから相続税は3,000万円にもなってしまう……!?」

そんなふうに思う人もいるかもしれません。後述するとおり相続税の計算手順や仕組みは複雑なので誤解しがちですが、この認識も間違いのひとつです。

## 相続税の速算表

| 法定相続分に応ずる取得金額 | 税率 | 控除額 |
|---|---|---|
| 1,000万円以下 | 10% | － |
| 3,000万円以下 | 15% | 50万円 |
| 5,000万円以下 | 20% | 200万円 |
| 1億円以下 | 30% | 700万円 |
| 2億円以下 | 40% | 1,700万円 |
| 3億円以下 | 45% | 2,700万円 |
| 6億円以下 | 50% | 4,200万円 |
| 6億円超 | 55% | 7,200万円 |

＊この速算表で計算した法定相続人ごとの法定相続分の税額の合計が相続税の総額になります。

　相続税の税率は遺産総額ではなく、法定相続人が法定相続分をそれぞれ相続した前提の金額に該当するランクの税率を乗じ、控除額を差し引き算出された各人の税額を合計して相続税の"仮"の総額を把握します。

　あくまでも仮なのは、法定相続分と実際の相続割合は異なる場合があるからです。従って最終的には、実際の遺産の取得分の取得割合に応じて法定相続人ごとの相続税額を再配分して算出することになります（P123参照）。

### ■ 速算表の控除額の詳しい説明

　相続税には、累進課税という方式が採用されています。その仕組みは、課税標準が一定額を超えた場合に、**"その超えた金額"に対してのみ高い税率を適用する**というもの。正しくは「超過累進課税方式」といいます。

　この方式では「区分から超過した金額だけに対応した税率を乗じる」ことになっています。つまり、法定相続分に応ずる取得金額（基礎控除後）が何億円であったとしても1,000万円以下の部分は税率10%、1,000万円〜3,000万円以下の部分は税率15%、3,000万円〜5,000万円以下の部分は税率20%……というように課税されます。

　ちなみに、法定相続人のAさんが基礎控除後に5,000万円を相続した

場合の納税額を相続税の速算表に従って算出してみましょう。累進課税の計算方法がよくわかると思います。

まず、1,000万円以下の部分に10％の税がかかります①。1,000万円超から3,000万円以下の部分に15％の税がかかります②。3,000万円超から5,000万円以下の部分に20％の税がかかります③。①100万円＋②300万円＋③400万円＝800万円。この800万円がAさんの納める相続税です。

ただし、この計算方法は手間がかかります。そこで速算表では、5,000万円以下の税率は20％なので、そこから200万円を控除すれば800万円と簡単に税額がわかるようになっているのです。

「相続税の速算表」は、以下の計算式で税計算ができる仕組みです。

> 相続税の税額＝各相続人が法定相続分で相続した遺産の額
> （基礎控除後）×税率－控除額

【例】5,000万円以下・税率20％の場合の控除額200万円の意味

3,000万円超5,000万円以下の場合20％を乗ずると――

①の部分 10％分多い……1,000万円 × 10％ ＝ 100万円

②の部分　5％分多い……2,000万円 ×　5％ ＝ 100万円

合計200万円

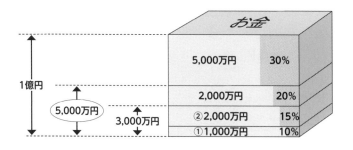

## 3. 相続税額の計算の手順と仕組み

相続税の計算方法は、次の4つのブロックに分かれます。

1. 課税価格の算出

2. 相続税総額の算出

3. 各人の相続税額の算出

4. 各人の納付税額の算出

　順番に見ていきましょう。

## 1. 課税価格の算出

　課税価格の算出が第一歩になります。課税価格とは相続税の課税対象となる財産の価格を意味し、相続や遺贈によって財産を取得した人ごとに計算します。計算式は次のとおりです。

> 相続（遺贈）財産＋みなし相続財産－非課税財産－債務および葬式費用＋相続開始3年以内の贈与財産（2024年から改正あり）＋相続時精算課税に係る贈与財産（2024年から改正あり）　（P133、P137参照）

　課税価格の合計額を出し、基礎控除額を差し引きます。これで相続税の課税対象となる財産価格（課税遺産総額）がわかります。

　そして課税遺産総額を法定相続人が法定相続分どおりに相続したと仮定して按分し、各人の課税価格を出します。

## 2. 相続税総額の算出

　次のステップでは1.の各人の課税価格に所定の相続税の税率をかけます。ここで重宝するのが前述した相続税の速算表（P120参照）です。各人の税額を合計すると、相続人全体の相続税総額がわかります。

　たとえば、1.の基礎控除後の課税遺産総額が1億円だったとします。法定相続人を配偶者と子ども2人（長男、次男）とし、**法定相続分どおり相続したと仮定**して配偶者5,000万円、長男2,500万円、次男2,500万円と振り分けます。それぞれの課税価格に所定の税率をかけ、控除額を差し引いた各人の税額、合計した家族全体の相続税総額は次のとおりです。

・配偶者……5,000万円×20%－200万円＝800万円

・長　男……2,500万円×15%－50万円＝325万円

・次　男……2,500万円×15%－50万円＝325万円

　⇒相続税総額は「800万円＋325万円＋325万円」で1,450万円

## 3. 各人の相続税額の算出

2.の相続税総額に対し、各人の相続税額を導き出すのが第3のステップです。各人が**実際に相続した財産の割合**で按分して算出します。

たとえば、前述の例は家族全体の相続税総額が1,450万円でした。これに配偶者10分の6、長男10分の3、次男10分の1、というように、実際に相続した財産の割合をかければ、各人の相続税額がわかります。以下のとおりです。

・配偶者……1,450万円×0.6＝870万円

・長　男……1,450万円×0.3＝435万円

・次　男……1,450万円×0.1＝145万円

## 4. 各人の納付税額の算出

3.の各人の相続税額に対し、適用できる税額控除があればその分をマイナスします。税額控除は全部で6種類（P124表参照）あり、中でも相続税の軽減効果が大きいのが配偶者控除です。

配偶者控除とは、配偶者が取得した財産の課税価格が法定相続分または1億6,000万円以下なら相続税が無税になる制度です。

一方、被相続人の兄弟姉妹が遺産を相続する場合や孫を養子にした場合は、相続税の2割加算の対象になります。

これら税額控除、加算を踏まえ、算出した金額を納付・申告して完了です。

取り上げた例は、配偶者は配偶者控除の適用により相続税額0円、長男、次男は控除・加算なく長男は435万円、次男は145万円の相続税額となります。

## 相続税の仕組み（基本的部分）

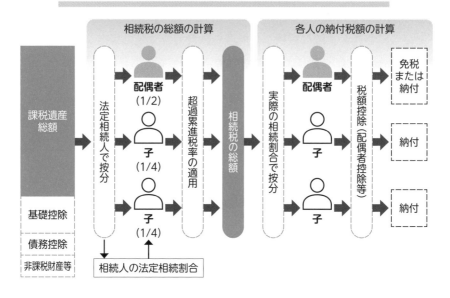

相続税の総額の計算　各人の納付税額の計算

### ■ 相続税を軽減できる税額控除は6種類

**相続税の税額控除は6種類**

| 種別 | 内容 |
|---|---|
| 暦年課税分の贈与税額控除 | 相続開始前 3 年以内に生前贈与を受けていた相続人の贈与税分を控除 ※1 |
| 配偶者の税額軽減 | 法定相続分または 1 億 6,000 万円のいずれか大きい金額に対する税額を控除 |
| 未成年者控除 | 未成年者が満 18 歳になるまでの年数× 10 万円を控除 ※2 |
| 障害者控除 | 85 歳に達するまでの年数× 10 万円（特別障害者は 20 万円）を控除 |
| 相次相続控除 | 10 年以内に 2 回以上続いて相続税がかかったとき一定額を控除 |
| 外国税額控除 | 外国にある財産を相続や遺贈で取得したとき外国の税額を控除 |

※ 1　相続開始 3 年以内→ 7 年以内に改正あり（P133 参照）
※ 2　2022 年 3 月以前の相続の場合は満 20 歳まで

## 4. 相続税の申告手続きと納付方法

　相続税の申告は、被相続人が亡くなったことを知った日（通常は被相続人の死亡日）の翌日から10か月以内に行わなければなりません。期限

が土日祝日などに当たるときはその日の翌日が期限となります。

　期限までに申告しなかった場合や、実際に取得した財産より少ない額で申告した場合には、ペナルティとして本来の税金のほかに加算税や延滞税を課せられる可能性があることを肝に銘じてください。

　申告の場は、被相続人の死亡時の住所地を管轄する税務署です。財産を取得した人の住所地を管轄する税務署ではないので注意しましょう。

　相続税の申告書は、第1表の申告書に相続人全員が署名・捺印を行い、提出するのが一般的です。ただし連絡がとれないなど共同での作成が難しい場合は、個別に申告書を作成して提出しても問題はありません。

　これまで述べてきたように、遺産総額が基礎控除額以下であれば原則、相続税の申告は不要です。しかし、各種特例や控除などを適用した場合、遺産総額が基礎控除額以下になったとしても、その種類によっては申告を必要とするケースがあります。それは期限内申告を要件として、その制度や特例の適用を認めるというものです。たとえば、小規模宅地等の特例（自宅の土地、事業用地、賃貸用地について、一定の面積の範囲内で評価額を最大80％減額できる制度）や配偶者の税額軽減は適用後の相続税額が0円でも申告が必要です。相次相続控除、未成年者控除、障害者控除については、税額0円であれば申告不要とされています。

### ■ 相続税の申告書の記載順序と各表の主な概要

　相続税の申告書は第1表から第15表まであります（国税庁ホームページ参照）。相続税の申告書の作成は、次の3つの手順で行います。

・手順1……相続税のかかる財産および被相続人の債務等について、第9表から第15表を作成します。
・手順2……課税価格の合計額および相続税の総額を計算するため、第1表、第2表を作成します。
・手順3……税額控除の額を計算するため、第4表から第8表までを作成し、第1表に税額控除額を転記し各人の納付すべき相続税額を算定します。
　以下が3つの手順をまとめたものです。

**手順1** 相続する財産をすべて把握してから申告書の第9〜15表を記入。

| 第9表 | 生命保険などの明細書 |
| --- | --- |
| 第10表 | 退職手当金などの明細書 |
| 第11表 | 相続税がかかる財産の明細書 |
| 第11の2表の付表1〜4 | 小規模宅地等の特例、特定計画山林の特例などの計算明細書 |
| 第11の2表 | 相続時精算課税適用財産の明細書 |
| 第12表 | 農地の納税猶予適用を受ける特例農地等の明細書 |
| 第13表 | 債務および葬式費用の明細書 |
| 第14表 | 暦年課税分、相続開始前3年以内の贈与財産などの明細書 |
| 第15表 | 相続財産の種類別価額表 |

**手順2** 手順1で相続財産をすべて記入、金額や評価額を算出できたら、第1〜2表（3表）を使い相続税額を算出する。

| 第1表 | 相続税の申告書（課税価格、相続税額） |
| --- | --- |
| 第2表 | 相続税の総額の計算書 |
| 第3表 | 農業を営む相続人がいる場合の各人の算出税額の計算書 |

**手順3** 控除額を計算して最終的な相続税を算定します。

| 第4表 | 相続税の加算金額の計算書 |
| --- | --- |
| 第4表の2 | 暦年課税分の贈与税額控除額の計算書 |
| 第5表 | 配偶者の税額軽減額の計算書 |
| 第6表 | 未成年者控除・障害者控除額の計算書 |
| 第7表 | 相次相続控除額の計算書 |
| 第8表 | 外国税額控除額・農地等納税猶予税額の計算書 |

　相続時精算課税適用者がいる場合、納付すべき税額のある相続時精算課税適用者がいる場合は、「**第11の2表**」を作成しますが、還付される税額のある相続時精算課税適用者がいる場合は、さらに「**第1表の付表2**」を作成します。農地等についての相続税の納税猶予および免除等の適用を受けている農業相続人がいる場合は、「**第8の8表**」（**納税猶予税額の内訳書**）も作成します。

　各諸表の記載の順序と転記の関連性を図にすると次のとおりです。

## 各諸表の記載の順序と転記の関連性

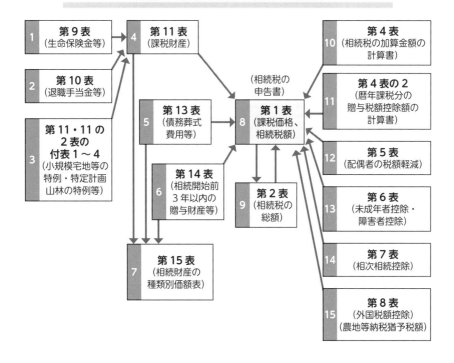

## ■ 申告には多数の関係書類の添付が必要

　相続税の申告には、申告書のほかにさまざまな関係書類の添付を必要とします。基本となるものは以下です。

・被相続人の出生から死亡までの連続した戸籍謄本

・被相続人の住民票の除票

・被相続人の死亡診断書のコピー

・相続人全員の戸籍謄本、住民票、印鑑証明

・遺言書の写しまたは遺産分割協議書の写し

・相続人のマイナンバー確認書類

・相続人の本人確認書類

　その他、遺産の種類、特例や税額控除の適用有無によってさまざまな書類を揃えなければなりません。関係書類の準備には手間と時間を要す

るので、早めに取りかかるようにしましょう（相続税の申告に必要な書類について詳しくは国税庁のホームページでも確認できます）。

相続税の申告が完了したら、相続税の納付を行います。納付期限は申告書の提出期限と同じく相続開始を知った日から10か月以内です。

相続税の納付は、原則として現金一括納付となります。不動産のみを相続した場合や、相続財産に預貯金が少ない場合には、相続人自らが納税額分の現金を用意しなければならないことも想定されます。

また、資金的に難しい場合は、一定の条件を満たすことを前提として「延納・物納」の制度を利用することもできます。なお納付は、近くの金融機関やコンビニ、もしくは管轄の税務署でも可能です。

## 5. 相続税の連帯納付義務

相続税には「連帯納付義務」という制度が設けられています。連帯納付義務とは、相続税について、各相続人が連帯して納付することを義務づけた相続税法のルールです。相続人の中に納税期限までに相続税を納めなかった人がいた場合、代わりに他の相続人が納めなければならないのです。連帯納付義務の対象は、「同一の被相続人から相続または遺贈により財産を取得したすべての者」と規定されています（相続税法34）。「他の相続人が支払っていない相続税をなぜ自分が支払わなければならない？」などと理不尽に思うかもしれませんが、法律で規定されている以上、拒否することはできません。

ただし、相続放棄をした場合は例外です。被相続人からの相続の一切を放棄すれば、連帯納付義務を免れることができます。

また、相続税の申告期限から5年が経過した場合は「時効」となって連帯納付義務は解除されます。本来の納税義務者の延納または納税猶予が認められた場合も、同様に連帯納付義務は解除されます。

### ■ 連帯納付義務の一連の流れを知って対処を

連帯納付義務を負う場合、相続した財産の金額にかかわらず各相続人

が平等に負担します。各人の負担には制限が設けられており、相続また
は遺贈によって得た利益額を限度とします。

　たとえば、相続財産として3,000万円を受け取り、自身では相続税900
万円を納付した場合、連帯納付義務の限度額は2,100万円となります。
相続前の連帯納付義務者の財産まで持ち出して支払う必要はないわけで
す。ただし、連帯納付義務では利子税の加算や延滞税が加算されます。

　相続人が連帯納付義務の発生を知るのは、大抵、税務署から予期せぬ
通知が届いたときです。以下が連帯納付義務の一連の流れになります。

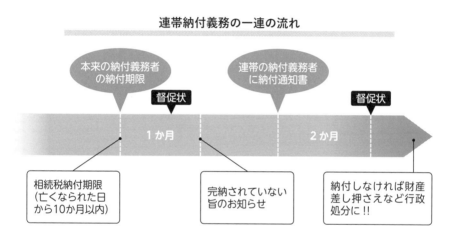

**連帯納付義務の一連の流れ**

　税務署は相続税が完納されない場合、本来の納税義務者に対し、納税
期限経過後に督促状を送付します。その後1か月が経過しても完納され
ない場合に、連帯納付義務者に対し、「完納されていない旨のお知らせ」
を送付します。この時点では納税は求められません。とはいえ、相続人
同士での解決を期待しているはずです。それでも完納されない場合には、
最終手段として相続税の連帯納付義務のお知らせである「納付通知書」
を送付し、ここで連帯納付義務者として支払い義務が確定します。その
後2か月が経過しても完納されない場合は、今度は連帯納付義務者に対
して督促状を送付します。これを放置したら連帯納付義務者も滞納処分
の対象となり、財産の差し押えなどが行われる可能性があります。

## 相続税早見表（概算）

（万円未満四捨五入）

単位：万円

| 相続人／相続額 | 配偶者と子1人 | | 配偶者と子2人 | | 配偶者と子3人 | | 配偶者と子4人 | |
|---|---|---|---|---|---|---|---|---|
| 6,000万円 | (0) | 90 | (0) | 60 | (0) | 30 | (0) | 0 |
| 8,000万円 | (0) | 235 | (0) | 175 | (0) | 138 | (0) | 100 |
| 1億円 | (0) | 385 | (0) | 315 | (0) | 263 | (0) | 225 |
| 1.5億円 | (0) | 920 | (0) | 748 | (0) | 665 | (0) | 588 |
| 2億円 | (668) | 1,670 | (540) | 1,350 | (487) | 1,218 | (450) | 1,125 |
| 2.5億円 | (1,771) | 2,460 | (1,429) | 1,985 | (1,296) | 1,800 | (1,215) | 1,688 |
| 3億円 | (3,229) | 3,460 | (2,669) | 2,860 | (2,371) | 2,540 | (2,193) | 2,350 |
| 3.5億円 | | 4,460 | | 3,735 | | 3,290 | | 3,100 |
| 4億円 | | 5,460 | | 4,610 | | 4,155 | | 3,850 |
| 4.5億円 | | 6,480 | | 5,493 | | 5,030 | | 4,600 |
| 5億円 | | 7,605 | | 6,555 | | 5,963 | | 5,500 |

注：法定相続人が法定相続割合で相続し、配偶者軽減のみ適用。
　（　）内の金額は、配偶者軽減を最大限利用した場合

単位：万円

| 相続人／相続額 | 子1人 | 子2人 | 子3人 | 子4人 |
|---|---|---|---|---|
| 6,000万円 | 310 | 180 | 120 | 60 |
| 8,000万円 | 680 | 470 | 330 | 260 |
| 1億円 | 1,220 | 770 | 630 | 490 |
| 1.5億円 | 2,860 | 1,840 | 1,440 | 1,240 |
| 2億円 | 4,860 | 3,340 | 2,460 | 2,120 |
| 2.5億円 | 6,930 | 4,920 | 3,960 | 3,120 |
| 3億円 | 9,180 | 6,920 | 5,460 | 4,580 |
| 3.5億円 | 11,500 | 8,920 | 6,980 | 6,080 |
| 4億円 | 14,000 | 10,920 | 8,980 | 7,580 |
| 4.5億円 | 16,500 | 12,960 | 10,980 | 9,080 |
| 5億円 | 19,000 | 15,210 | 12,980 | 11,040 |

# Ⅲ 相続税の補完税としての贈与税の制度

## 1. 暦年贈与の基礎控除と贈与税率と速算表

　贈与税は、個人から財産の贈与を受けた場合に、その財産を受けた人に対して課せられる税金です。財産の贈与をする人を「贈与者」、贈与を受けた人を「受贈者」といいます。相続税との違いを簡単にいえば、

・相続税＝亡くなった人から財産をもらった場合にかかる税金
・贈与税＝生きている人から財産をもらった場合にかかる税金

　と棲み分けできます。

　贈与税には、「暦年課税」と「相続時精算課税」という2つの課税方式があります。暦年課税は「暦年贈与」と呼ばれることも多く、相続時精算課税は一定の要件を満たした場合に選択できます。

　まず暦年課税について見ていきましょう。

　暦年課税は、その年の1月1日から12月31日までの1年間に贈与を受けた財産の価額の合計額をもとに贈与税を算出します。ただし、年間110万円の基礎控除があるため、1年間の贈与額が110万円以下なら贈与税はかからず、申告は不要となります。

　暦年課税の基礎控除額は受贈者1人につき年間110万円です。従って、贈与者2人からそれぞれ年間110万円、合計220万円の贈与を受けた場合は、基礎控除額（年間110万円）を超過するため贈与税がかかります。

### ■ 贈与税の計算方法と2つの速算表

　暦年課税における贈与税は、以下の手順で簡単に計算できます。

1. その年の1月1日から12月31日までの1年間に贈与を受けた財産の価額を合計する（複数人から同じ年に贈与を受けた場合は、その合計額）
2. その合計額から基礎控除額110万円を差し引く

3. 残りの金額に税率を乗じて税額を計算する

　3.に役立つのが、相続税の計算でも紹介した「速算表」（P120）です。速算表を使えば税額を簡単に算出できます。

　贈与税の速算表は「一般贈与財産」と「特例贈与財産」に分かれ、直系尊属（父母・祖父母）から18歳以上の子どもや孫などへの贈与については特例贈与財産用、直系尊属以外の贈与者から贈与を受けた場合や受贈者の年齢が20歳未満の場合は一般贈与財産用となります。以下がそれぞれの速算表です。

### 一般贈与財産・特例贈与財産の税率速算表

| 基礎控除後の課税価格 | 一般贈与財産用の一般税率 | | 特例贈与財産用の特例税率※ | |
|---|---|---|---|---|
| | 税率 | 控除額 | 税率 | 控除額 |
| 200 万円以下 | 10% | — | 10% | — |
| 300 万円以下 | 15% | 10 万円 | 15% | 10 万円 |
| 400 万円以下 | 20% | 25 万円 | | |
| 600 万円以下 | 30% | 65 万円 | 20% | 30 万円 |
| 1,000 万円以下 | 40% | 125 万円 | 30% | 90 万円 |
| 1,500 万円以下 | 45% | 175 万円 | 40% | 190 万円 |
| 3,000 万円以下 | 50% | 250 万円 | 45% | 265 万円 |
| 4,500 万円以下 | 55% | 400 万円 | 50% | 415 万円 |
| 4,500 万円超 | | | 55% | 640 万円 |

※贈与により財産を取得した者（贈与を受けた年の1月1日において18歳以上の者に限ります）が、直系尊属（父や祖父母など）から贈与により取得した財産に係る贈与税の計算に使用します。

　なお贈与税の申告は、贈与を受けた年の翌年の確定申告のときに行います。

### ■ 暦年課税制度の改正

　暦年課税（暦年贈与）は、生前の間、毎年110万円までの贈与は非課税とされます。しかし贈与者が亡くなった場合には、死亡年の3年前の贈与額を遡り、相続時の財産とあわせて「相続税」が課税される仕組みになっています。2023年（令和5年）の税制改正では、この遡る期間を

## 暦年課税制度が変わります

**Point!**

① 暦年課税の生前贈与加算について、相続開始前の加算期間が3年から7年に延長される

② ただし、延長した4年の間に受けた贈与については合計100万円までは相続財産に加算しない

【適用時期】2024年以後の贈与から（実質的に影響が出るのは2027年以後。加算期間が7年になる完全移行は2031年以後）

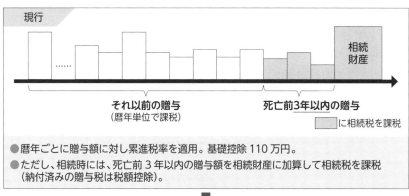

現行

相続財産

それ以前の贈与
（暦年単位で課税）

死亡前3年以内の贈与

に相続税を課税

●暦年ごとに贈与額に対し累進税率を適用。基礎控除110万円。

●ただし、相続時には、死亡前3年以内の贈与額を相続財産に加算して相続税を課税（納付済みの贈与税は税額控除）。

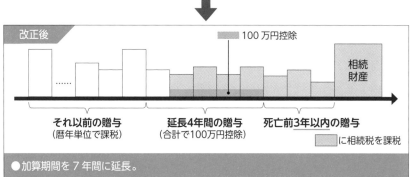

改正後

100万円控除

相続財産

それ以前の贈与
（暦年単位で課税）

延長4年間の贈与
（合計で100万円控除）

死亡前3年以内の贈与

に相続税を課税

●加算期間を7年間に延長。

●延長4年間に受けた贈与については総額100万円まで相続財産に加算しない。

**Point!** 生前贈与加算7年延長の達成は2031年1月1日から

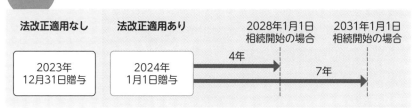

| 法改正適用なし | 法改正適用あり | 2028年1月1日<br>相続開始の場合 | 2031年1月1日<br>相続開始の場合 |
|---|---|---|---|
| 2023年<br>12月31日贈与 | 2024年<br>1月1日贈与 | 4年 | 7年 |

3年から7年にルール変更。2024年（令和6年）1月以降の贈与分から7年前の贈与額まで相続税の課税対象として拡大され、2031年の相続発生から7年間が加算されるようになります（P133図参照）。

## 2.相続時精算課税贈与の基礎控除と贈与税率

贈与税のもうひとつの課税方式、相続時精算課税とは、最大2,500万円の特別控除を設け、生前贈与に対する課税を相続時まで繰り越せる制度です。原則として、60歳以上の父母（もしくは祖父母）から18歳以上の子ども（もしくは孫）に財産を贈与する場合にのみ選択することができます。

贈与する財産の種類、金額、回数に制限はなく、数年のうちに贈与した財産の合計額が2,500万円以下であれば贈与税はかかりません。そして贈与財産が2,500万円を超えた場合には、その超えた分に対し一律20％の税率で課税されます。

ポイントとなるのは**相続発生時**（贈与者の死亡時）です。このとき、この制度を利用して贈与してきた累計額である贈与財産の価額（**贈与時の時価のまま**）を**相続財産**に加算して相続税額を算出します。贈与時に一定額まで非課税にした贈与分の財産を相続財産に加える精算をして相続税を課税するため、「相続時精算課税」と呼ばれるのです。

精算の際、既に支払った贈与税額は控除され、支払った贈与税額より相続税額のほうが少ない場合は還付を受けられます。

相続時精算課税制度を利用すると、
・早期に多額の財産の移転ができる
・将来値上がりが見込める財産を贈与した場合、贈与時の時価で税額計算できるため、相続税を抑えられる
・相続税があまり心配でない人も利用できる
　といった利点が挙げられます。
　ただ一方で、
・一度選択したら一般暦年贈与には戻れない

・この制度を利用した年以降の年で贈与を行った場合は、贈与累計額が2,500万円以下で贈与税が0円でも申告が必要
・贈与された土地は相続税申告のときに小規模宅地評価減等の特例が使えない

といったデメリットもあるので心得ておきましょう。

**相続時精算課税の贈与税**

| 課税価格 | 控除額 |
|---|---|
| 累計額　2,500万円控除後 | 一律20% |

### ■ 相続時精算課税制度の適用例

　相続時精算課税制度の適用例を単純な事例で説明します。相続人が1人の場合で下記のとおり2回の現金贈与を受けて、被相続人の所有する全財産は贈与前で5,000万円だったケースです。

・**A年　2,000万円を贈与**

　特別控除額2,000万円→贈与税0円

・**B年　1,000万円を贈与**

　特別控除額500万円→累計2,500万円を超えた500万円に対して一律税率20%→500万円×20%＝贈与税額100万円

・**C年　相続開始時**
　**残りの2,000万円（5,000万円－3,000万円）を相続**

　相続時の申告は相続財産2,000万円＋贈与財産3,000万円＝5,000万円になる。基礎控除額3,600万円を差し引いた1,400万円に対してかかる相続税は160万円。既に100万円の贈与税を納めているため、これを差し引き60万円（160万円－100万円）の相続税納付となります。

■ 相続時精算課税制度の改正

　2023年（令和5年）の税制改正大綱で、相続時精算課税制度がルール変更されることが決まりました。現行ルールでは非課税枠内の贈与税0円でも、贈与を行った場合は相続時精算贈与の確定申告が必要ですが、2024年（令和6年）1月以降、年110万円以下の贈与の場合は不要となります。なぜなら、110万円の基礎控除が受けられるようになったからです。しかもその110万円以下の贈与分は相続時の加算対象になりません。そのため2024年（令和6年）1月以降、相続時精算課税制度の使い勝手は増し、節税効果は高くなるといえるでしょう。

## 3. 居住用不動産の配偶者贈与

　"おしどり贈与"と称される夫婦間の贈与制度をご存じでしょうか。正式には「居住用不動産の配偶者贈与」と呼ばれる特例です。

　この特例を使うと、配偶者に対して居住用の不動産またはその購入資金を贈与した場合、2,000万円まで非課税になり贈与税がかかりません。

　暦年課税の基礎控除年間110万円も併用利用できるため、最高2,110万円まで非課税枠は広がります。

　ただし、特例適用には以下3つの条件を満たすことが必要です。

　1. 夫婦の婚姻期間が20年以上であること

　法律上の婚姻期間20年以上を経過した夫婦のみ対象です。おしどり贈与と称されるゆえんはここにあります。従って、内縁関係の夫婦は該当しません。

　2. 配偶者から贈与された財産が、居住用不動産であること、または居住不動産を取得するための金銭であること

　対象の贈与財産は居住用不動産（その購入資金含む）に限られます。別荘などは対象外です。

　3. 贈与を受けた年の翌年3月15日までに、贈与により取得した国内の居住用不動産または贈与を受けた金銭で取得した居住用不動産に居住し、その後も引き続き住む見込みであること

# 相続時精算課税制度が変わります

**Point!**

① 相続時精算課税制度の利用促進のため、制度選択後の贈与のうち**毎年110万円までは課税しない（基礎控除）**
② 受贈した土地・建物が災害による被害を受けた場合は、相続時に被害部分を控除する

【適用時期】2024年以降

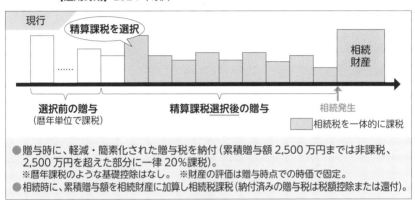

- 贈与時に、軽減・簡素化された贈与税を納付（累積贈与額2,500万円までは非課税、2,500万円を超えた部分に一律20％課税）。
  ※暦年課税のような基礎控除はなし。　※財産の評価は贈与時点での時価で固定。
- 相続時に、累積贈与額を相続財産に加算し相続税課税（納付済みの贈与税は税額控除または還付）。

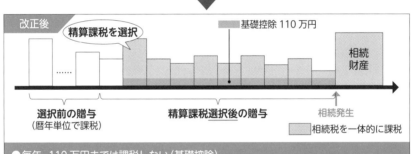

- 毎年、110万円までは課税しない（基礎控除）。
- 土地・建物が災害で一定以上の被害を受けた場合は相続時に再計算して減額分控除。

**Point!** 改正後の相続時精算課税制度は節税効果が高い！

| 相続時選択課税制度を使って贈与 | | 現行 | | 改正後 | |
|---|---|---|---|---|---|
| | | 累計額<br>※特別控除は累計2,500万円まで | 贈与税の申告 | 累計額<br>※特別控除は累計2,500万円まで | 贈与税の申告 |
| 1年目 | 2,000万円贈与 | 2,000万円 | 必要 | 2,000万円−基礎控除110万円=1,890万円 | 必要 |
| 2年目 | 300万円贈与 | 2,000万円+300万円=2,300万円 | | 1,890万円+300万円−基礎控除110万円=2,080万円 | |
| 3年目 | 110万円贈与 | 2,300万円+110万円=2,410万円 | | 2,080万円+110万円−基礎控除110万円=2,080万円 | 不要 ◎ |
| 4年目 | 相続開始年<br>【加算対象額】 | 2,410万円 | | 2,080万円 | |

節税効果

贈与を前提とした居住用不動産に住んでいても、その後もずっと住み続けることを要件とします。

### ■ 相続時に生前贈与加算の対象外となるのも利点

配偶者に対し、最大2,110万円（暦年課税含む）の居住用不動産やその購入資金を非課税贈与できるのは大きな魅力です。

加えて、居住用不動産の配偶者贈与の特例が、相続発生日前の贈与であれば、同年の贈与であっても「生前贈与加算」の対象外とされる点もメリットといえます。要するに、実行した者勝ち（節税に対して）ということです。贈与者が亡くなった場合、通常はその死亡3年前（2024年よりの改正あり）の贈与財産は相続財産に加算して相続税を課税されますが、同特例による**非課税贈与財産（2,000万円まで）**は相続財産に含まれません。すなわちこの贈与は、**贈与税も相続税も0円**で済むのです。

注意点としては、この特例は同一の配偶者の間では一生に一度しか適用を受けることができません。同じ配偶者から何度も贈与を受けられないということです。

また、贈与で不動産を取得した場合には、**不動産取得税がかかります**（一定の要件を満たす土地や建物は軽減措置あり）。

## 4.3大一括贈与の特例

マイホーム、教育、結婚には、高額なお金を必要とします。これら3つのイベントにかかる資金の贈与について、一定の限度額まで贈与税が非課税になる特例制度があります。直系尊属（父母や祖父母）から直系卑属（子どもや孫）への贈与を前提とするそれぞれの制度の内容、利用条件などを見ていきましょう。

### ■ 住宅取得等資金贈与の非課税制度

18歳以上の子どもや孫に、マイホームの購入・新築・増改築に必要な資金を贈与した場合を対象とします。マイホームが省エネ住宅（基準を

満たす必要あり）の場合は最大1,000万円、それ以外の通常の住宅の場合は最大500万円までの贈与が非課税になります。

　同制度は暦年贈与と併用できるため、年間110万円の非課税枠とあわせて1回で最大1,110万円の贈与をしても贈与税がかかりません。また、暦年贈与分以外は生前贈与加算の対象外とされるのも利点です。

　ただし、贈与を受けた年の年分の所得税に係る合計所得金額が2,000万円以下（新築等をする住宅用の家屋の床面積が40平方メートル以上50平方メートル未満の場合は、1,000万円以下）であることといった要件があります。また、贈与を受けた年の翌年3月15日までに該当家屋に居住することを原則としています。

　この制度は2023年12月31日までの特例となっています。

### 住宅取得等資金贈与をする際の主な要件

| 適用期間 | 2023年12月31日まで |
|---|---|
| 贈与者 | ● 父母・祖父母等直系尊属からの贈与 |
| 受贈者 | ● 18歳以上の子・孫<br>● 合計所得が2,000万円以下<br>　（床面積40㎡以上50㎡未満の場合は1,000万円以下） |
| 家屋の要件 | ● 新築、取得または増改築等<br>● 40㎡以上240㎡以下<br>● 2分の1以上が住居であること |
| 非課税枠 | ● 省エネ住宅などの場合1,000万円<br>● その他の一般住宅500万円 |

### ■ 教育資金の一括贈与の非課税制度

　30歳未満の子どもや孫に、教育に関連する資金を贈与した場合を対象とし、最大1,500万円が非課税になります。一括とは一度しか贈与できないという意味ではなく、限度額内なら何度贈与しても課税されません。

　教育資金の範囲は、入学金、授業料など学校に支払う費用のほか、塾や習い事、スポーツ文化活動、通学のための定期代や留学する際の渡航費など学校以外に支払う費用も該当します（学校以外に支払う費用は最

大500万円が限度）。

　ただし、孫やひ孫が受贈者の場合、相続税は2割加算されます。たとえば、祖父が孫へ教育資金として1,000万円を贈与した場合、贈与後3年かけて孫が400万円を使ったときに祖父が他界していたら、一定の条件に該当しない場合は残りの600万円には相続税がかかり、しかも2割加算されます（受贈者が23歳未満である場合や在学中の身である場合など、相続税の対象とならないケースもあります）。

　この「教育資金の一括贈与の非課税制度」も、2026年3月31日までの特例となっています。

■ 結婚・子育て資金の一括贈与の非課税制度

　この制度も2025年3月31日までの特例となっています。

　この制度は、18歳以上50歳未満の子どもや孫に、結婚や子育てに関連する資金を贈与した場合を対象とし、最大1,000万円を非課税にすると

**贈与税の非課税制度**

| 制度 | | 教育資金一括贈与非課税制度 | | 結婚・子育て資金一括贈与非課税制度 |
|---|---|---|---|---|
| 適用期間 | | 2026年3月31日まで | | 2025年3月31日まで |
| 贈与者 | | 直系尊属（親や祖父母） | | |
| 受贈者 | 年齢条件 | 子・孫（0〜30歳） | | 子・孫（18〜50歳） |
| | 所得制限 | 合計所得金額1,000万円以下 | | |
| 対象費用の例 | | 入学金、授業料、塾、習い事 | | 挙式費用、新居の住居費、引越費用、不妊治療費、出産費用、子の医療・保育費 |
| 非課税限度額 | | 1,500万円 | | 1,000万円 |
| 贈与者死亡時 | 残額の取り扱い | 23歳未満・学生：原則 贈与者に対する相続税の課税価格の合計が5億円超 | 残額すべてが相続税の課税対象 | 残額すべてが相続税の課税対象外 |
| | | 上記以外 | 課税対象外 | |
| | 2割加算 | 孫等への2割加算あり | | |
| 契約終了時 | 残高の取り扱い | 贈与税の一般税率で贈与税を計算 | | |

いうものです。

結婚・子育て資金の範囲は、結婚については挙式や衣装代などの婚礼費用、新居へ転居する際の敷金・礼金や家賃などが該当し、300万円までが限度です。子育てについては残額700万円を限度に、妊娠や出産、育児に要するもので、不妊治療や妊婦健診、分べんや産後ケアに関する費用のほか、子どもの医療費、幼稚園・保育園の保育料（ベビーシッターの料金を含む）が該当します。

子どもや孫の結婚・子育て資金を贈与税0円で援助できる有効な制度ですが、受贈者には年齢以外の条件もあり、贈与を受ける前年の合計所得金額1,000万円という枠内でなければ特例は利用できません。

贈与者が亡くなったときの使い残しに対する相続税の課税、孫やひ孫の相続税2割加算なども共通します。

加えて、教育資金と結婚・子育て資金の一括贈与を利用するには、信託銀行などの**金融機関で専用の口座を開設**しなければなりません。同口座を経由して贈与が行われます。そして、受贈者が規定の年齢に達したとき（教育資金は30歳、結婚・子育て資金は50歳）に契約は終了となり、その時点で残額があると贈与と見なされ一般税率で贈与税が課せられるので注意しましょう。

## 生前贈与時の相続税率と贈与税率の税率比較検討表（例）

―税率の差を利用して暦年贈与をコツコツと実行しましょう！―

**相続税試算の結果の適用予定税率よりも
有利な部分の税率ランクの贈与を行うときに利用する比較表です**

| 相続税課税標準 | 税率 | 贈与税（直系尊属⇒18歳以上） | 贈与税（一般） |
|---|---|---|---|
| 1,000万円以下 | 10% | 200万円以下 | 200万円以下 |
| 3,000万円以下 | 15% | 400万円以下 | 300万円以下 |
| 5,000万円以下 | 20% | 600万円以下 | 400万円以下 |
| 1億円以下 | 30% | 1,000万円以下 | 600万円以下 |
| 2億円以下 | 40% | 1,500万円以下 | 1,000万円以下 |
| 3億円以下 | 45% | 3,000万円以下 | 1,500万円以下 |
| 6億円以下 | 50% | 4,500万円以下 | 3,000万円以下 |
| 6億円超 | 55% | 4,500万円超 | 3,000万円超 |

相続財産の遺産総額から基礎控除後の課税遺産総額を推定相続人の法定相続割合で分割した各推定相続人ごとの金額を表に当てはめて税率（限界税率）を確認する（配偶者がいる場合は、他の推定相続人と同額（子1人の場合）か高額になるので、配偶者に分割された金額を表の当てはめた税率とする）。
**⇒ A%の税率**

生前贈与予定額から基礎控除の110万円を控除した金額を表に当てはめて税率（限界税率）を確認する。
**⇒ B%の税率**

A%＞B%……暦年贈与したほうが有利

A%＝B%……同じで贈与は不利ではないので他の事情があれば贈与することも有効、または暦年贈与金額を下のランクへ

A%＜B%……暦年贈与が不利、あるいは暦年贈与金額を下のランクへ

## 【例】基礎控除後の課税遺産総額1億3,000万円で暦年贈与した場合

### 推定相続人、配偶者・子2人

　相続時には配偶者の法定相続分6,500万円で適用税率30%、子2人の法定相続分はそれぞれ3,250万円で適用税率20%が予定される。その状況下で20歳、23歳の子2人にそれぞれ300万円を贈与する場合（300万円－110万円＝190万円）の適用税率は10%で贈与は有利と判断されます。

**有利金額の検証**……相続財産600万円減少、配偶者分300万円減少、子2人分300万円減少、相続税は配偶者分90万円減少、子2人分60万円減少で合計150万円減少、贈与税は38万円増加、差引112万円相続税減少分が有利。

第 3 章

事前の準備と対策を
できることから始めよう！

# I  課税される財産の整理と明瞭化

## 1. 財産明細の一覧表作成

「自分の亡きあと、家族には円満な相続をしてほしい」

　このように考えている人は多いと思います。その願いをかなえるには、事前の準備と対策が欠かせません。自身の相続がいつかは予測不可能です。病気や事故などである日突然ということもあり得ます。何もせずに相続のときを迎えると、家族同士でもめたり、重い税負担を余儀なくされるなど、トラブルを招いてしまうのです。"備えあれば憂いなし"です。まずは必要な準備から見ていきましょう。

### ■ 財産の把握で課題が見え、対策を立てやすくなる

　事前の準備で重要なのは、**財産を確認**し、**整理**し、**明瞭**にしておくことです。どんな財産があるかは、本人しか知らないことも少なくありません。そうなると相続発生時に遺族は困りますし、死後の手続きにも手間がかかってしまいます。

　財産にはどんなものがあり、それぞれ価値はどれくらいなのか。プラスの財産だけでなく、借金などのマイナスの財産も調べましょう。

　相続税の節税対策も、相続の争族対策も、その第一歩は財産明細の作成のための資料収集や情報整理から始まります。財産明細を一覧表にしてまとめておけば、課税される財産が明らかになるなど課題も整理でき、対策を立てやすいのです。確認する項目は以下3つの分野の財産を主とし、関連書類から価格など価値を把握しましょう。

・**不動産**……土地、建物など

　不動産の所有者に送付される**固定資産税納税通知書**や市区町村役場にて閲覧・取得できる「**名寄せ帳**」、登記簿謄本により、土地の地目や面積・

建物の構造や延床の面積、およびそれぞれの評価額がわかります。また、不動産購入時の**売買契約書**や新築時の**請負契約書**も重要な書類です。

・**動産……現金、預貯金、株式などの有価証券、生命保険、自動車、ゴルフ会員権、貴金属、書画骨董など**

　預貯金は通帳の残高、株式などの有価証券は証券会社の残高報告書、生命保険や損害保険、その他の保険も保険証券で内容を確認しておくことが必要です。できれば作成時の解約返戻金もその有無の確認と全額も把握しておきます。自動車、ゴルフ会員権、貴金属、書画骨董はそれぞれ取り扱い事業者で価値を確認しましょう。

・**債務……借金、ローンなど**

　故人の住宅ローンやキャッシングなどの借入れは信用情報機関などで確認できます。

## Column
## 富裕層への適正な課税目的「財産債務調書制度」

　財産債務調書制度は、所得税の確定申告をする必要がある人で、退職所得を除いたその年の総所得金額が2,000万円を超え、かつその年の12月31日において3億円以上の財産または1億円以上の国外転出特例対象財産（例：有価証券、未決済信用取引の権利）を有する場合、およびその年の12月31日において、その合計額が10億円以上の財産を有する場合に、財産の種類、数量や価額、債務の金額などを記載した明細書を税務署に提出することを義務づけたものです。同書の提出義務者はいわゆる富裕層の人たちで、富裕層が所有する財産を把握しておくことで、将来のその者の相続税申告があった場合の参考にするための資料といえます。財産債務調書は翌年6月30日までに提出しなければなりません。自身の財産を把握するうえで、提出義務がなくてもこの財産債務調書を役立ててもいいでしょう（巻末P222参照）。

財産の内容は詳細に記入してください。動産はそれぞれ、

・預貯金……銀行名、口座番号、金額ほか

・有価証券……銘柄、証券会社名、口座番号、株数、概算評価額ほか

・生命保険……保険会社、商品名、種類、証券番号、保険金額ほか

を記します。また、財産は一定ということはありません。増えたり減ったりするわけですから、財産明細は年末あたりを基準に財産情報を整理し、毎年更新していくようにします。最初の年は大変でしょうが、一度作成してその裏付け資料をファイリングしておけば、翌年以降は変化した部分の入れ替えや修正を行うだけで楽になります（巻末P221参照）。

## 2. 保険契約の一覧表作成や保険証券ファイルの用意

生命保険の死亡保険金は、契約の仕方によってみなし相続財産となり、相続税の課税対象とされる場合があることを前に述べました。相続税がかかるのは以下のケースで非課税枠を超えた場合です。

・契約者（保険料負担者）：被相続人　　・被保険者：被相続人

・受取人：相続人または受遺者

自分がどんなタイプの保険に加入し、受取人は誰になっているのかなど、自身で把握できていない人は多いのではないでしょうか。

生命保険は先の財産明細の項目のひとつに挙げました。ただ、契約状況など一歩踏み込んだ情報も把握しておかなければなりません。そこで先の財産明細と同様に、生命保険以外の保険種目も含めて保険契約の一

**死亡保険金に対する税金の種類**

| 契約者（保険料負担者） | 被保険者 | 受取人 | 税金の種類 |
|---|---|---|---|
| 被相続人 | 被相続人 | 相続人※、受遺者 | 相続税（みなし相続財産） |
| 配偶者 | 被相続人 | 配偶者 | 所得税（一時所得） |
| 配偶者 | 被相続人 | 子ども | 贈与税（贈与） |

※受取人欄の相続人は、推定相続人の氏名と持分（受取割合）を記載することが望ましい。相続人という記載だと、分割協議で特定しなければならない場合がある。

覧表を作成し、内容を確認しておくことをお勧めします。リスクカバーとしての保険は、自動車保険・火災保険・傷害保険・個人賠償責任保険・年金保険などとその種類や契約内容、補償金額もさまざまなので、保険会社の担当者に一覧表の作成や保険証券のファイリングなどを依頼しながら整理しておくことも大事なことです。贈与税や所得税がかかる場合もあるので、あわせて契約状況にも注意してください。

### ■ 相続対策には終身保険が望ましい

生命保険は後述する相続対策に役立ちます。被相続人が保険料を負担した生命保険の死亡保険金は相続税の課税対象になるものの、受取人が相続人であれば「**500万円×法定相続人の数**」までの相続税の**非課税枠**が武器になります。相続対策として適するのは死亡保障が付くタイプのものです。定期保険は保険金保障が一定期間なので相続発生前に契約が消滅してしまう可能性があるため、一生涯保障の終身保険のほうが望ましいでしょう。相続時に必ず受け取れ、非課税枠が必ず利用でき、節税に役立つからです。既存の保険が相続対策に使えるかをチェックし、使えないなら新たに保険加入する必要があります。

## 3. 生前贈与や名義預金を整理・検討する

相続税の節税対策として最もよく知られ、早くから準備しておきたいのが生前贈与です。生前贈与は言葉どおり、生きている間に子どもや孫などに財産を無償で分け与えることを指します。生前のうちに贈与して相続財産を減らしておくことで、相続が発生したときの相続税の支払いを抑えられます。節税対策の代表例としての生前贈与には、暦年贈与と相続時精算贈与の2つの制度があります。

### 1）暦年贈与

贈与する際には贈与税の負担が生じる場合がありますが、暦年贈与（暦年課税）の場合、年間110万円以下の贈与なら贈与税はかかりません。年間受贈金額合計110万円の非課税枠は受贈者（贈与される人）1人につ

きの計算です。従って、たとえば子ども2人に対する暦年贈与の場合は年間220万円を非課税で贈与できるのです。なお、暦年課税制度は相続発生時に生前贈与分の加算制度の法改正があり、2024年以降の贈与分から制度内容が変更となり、相続発生直前の3年分加算が7年分加算になります（P132参照）。

### 2）相続時精算贈与

相続時精算贈与の制度とは、贈与者から贈与を受けた財産について、2,500万円までは贈与時の贈与税は非課税（2,500万円超部分については一律20%の税率で贈与税が課税）とされ、その贈与者が亡くなった場合には、その贈与財産の価額と相続財産の価額を合算し、納付済みの贈与税がある場合は、相続税として精算（本制度により納付した贈与税額については相続税から控除）する制度です（P134参照）。

暦年贈与は、コツコツと資産移動をしたい人、贈与対象者が多い人に向いています。一方の相続時精算贈与は、将来値上がりする財産や、現在値下がりしているが将来値上がりする財産のある人、収益不動産を贈

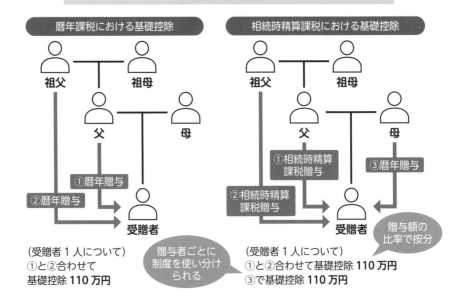

基礎控除のイメージ

与する人、あるいは事業用財産（非上場株を含めて）を後継者に贈与する人に向いています。暦年贈与と相続時精算贈与は選択制で、とくに相続時精算課税制度は一度利用すると暦年贈与への変更ができません（暦年課税贈与からの相続時精算贈与への移行は可能）。検討はなるべく早くから始めて、適当なタイミングで実行するのが賢明な節税対策というわけです。

### ■ 生前贈与のメリットと名義預金の落とし穴

生前贈与には、次のようなメリットが挙げられます。

1. 生きている間に自分の思いを直接伝えながら贈与できる
2. 賃貸物件などを先に贈与することで、相続財産の蓄積を止め、子どもの納税資金準備ができる
3. 先に贈与することで、後の相続人間のトラブルを軽減できる
4. 地道な暦年贈与で少しずつでも移すことで、将来の相続税の節税につながる

見てわかるとおり、生前贈与の利点は相続税の節税だけに限りません。相続の場面で幅広く有効といえます。

注意すべきは、「名義預金」の問題です。名義預金とは、口座名義人と実質的な所有者の異なる預金を指します。親が子ども名義の口座にお金を預け入れるのが典型例でしょう。本人は生前贈与のつもりで家族の口座に資金を預けたとしても、いざ相続が発生したときに名義預金扱いになると被相続人の財産とみなされ、相続税が課税されてしまうのです。

名義預金と判定されるのはどんな場合なのか。以下が主な状況です。

---

- 家族名義の口座の使用されている印鑑と被相続人名義の預金されている印鑑が同一であること
- 被相続人が贈与した預金を贈与後も被相続人が使っていた
- 名義人が口座の存在および贈与の行為事実も知らなかった
- 被相続人が通帳と印鑑を所有し、名義人の口座を管理支配していた

---

名義預金と判定されたら、子どもや孫などのためを思って行う生前贈与が無意味なものになってしまいます。思い当たったら口座を検証してみてください。

## ■ 贈与者と受贈者で贈与契約書を作成する

贈与は、贈与者と受贈者の間で合意があって初めて成り立ちます。贈与者が無償で与える意思を示し、受贈者がそれを受け入れることで法的効力を発揮します（民法549）。これが大前提です。

贈与にはいろいろ形がありますが、いずれの場合も次のことが実行されなければ贈与となりません。

1. 贈与者、受贈者が贈与・受贈の意思表示をする
2. 贈与財産の引き渡しをする
・不動産（土地・建物）……不動産贈与登記（法務局出張所にて）
・有価証券（株式など）……名義書換（発行法人または信託銀行など）
・その他……登録の必要があるものは登録、または名義変更、現金は現金の引き渡し
3. 受贈財産を受贈者が管理・使用・収益享受する
引き渡し後は、貸付用不動産があれば地代家賃を、株式は配当を、預貯金は利子等を、受贈者が受領し管理する
4. 贈与契約書を作成する
最も重要なポイントは贈与契約書の作成です。贈与の契約を贈与者と受贈者が結んだ証拠を残しておく必要があるのです。

贈与契約書作成に当たっては、次のような事項に注意してください。

---

・書面上、贈与および受贈の意思を明らかにすること
・贈与する物をはっきり特定すること
・贈与する物の引き渡しや所有権移転時期を明確にしておくこと
・契約の日付を明記すること
・作成した契約書は贈与者・受贈者それぞれが保管すること

---

# II 相続税試算と納税・節税対策を考える

## 1. 概算の相続財産評価総額の把握

　次は対策です。事前の相続対策は重大な関心事だと思います。どんなことを実行すれば効果的なのか、気になる人は多いでしょう。

　ひと口に相続対策といっても多岐にわたりますが、大きくは次の3つのジャンルに分けられます。

1. 節税対策……相続税の負担を抑えるための対策
2. 争族対策……相続人同士の遺産争いを防ぐための対策
3. 納税対策……相続税の納税に必要な資金を確保するための対策

　どの対策も大切です。円満な相続の実現に向け、できるだけ早めに3つの対策に取り組むようにしましょう。

### ■ 相続財産の評価は「時価」が原則

　第一歩は、相続財産の価値を概算で把握することです。財産明細の一覧表（巻末P221参照）をもとに、相続財産の評価総額をざっくり割り出しましょう。財産の評価方法については第2章Ⅰの3項（P69）から10項（P115）で述べたとおりです。

　概算で相続財産の評価総額を計算し、相続人の人数を確認すれば、相続税の税額を見積もれます。その認識があったうえで、節税対策、争族対策、納税対策を検討することになります。

　相続財産の評価計算では、相続開始時の「時価」を原則とすることに注意しなければなりません。とくに不動産の時価評価は固定資産税評価額だけではなく路線価方式や倍率方式での評価もあるため、地域によっては時価と固定資産税評価額で評価に差が出てきます。概算の計算ではその時点の時価となりますが、固定資産税評価額との評価金額の違いを

頭に入れておきましょう。

## 2. 推定相続人の確認と争族回避の対策

　相続財産の評価総額が把握できたら、次はそこから控除する基礎控除額算定のための相続人の把握と、その人たちの関係性を考えて相続時に争いの発生の可能性の有無を考えることが必要です。

### ■ 推定相続人の確認

　現在の状況で相続が発生したと仮定し、亡くなった人の相続人になることが予想される人のことを「**推定相続人**」といいます。実際には相続が発生していないため、「推定」になります。

　自身が亡くなった場合、誰が推定相続人になり、人数は何人になるのかを考え、推定してみてください。

　たとえば、父親・母親・長男・長女の4人家族がいたとします。家族構成が変わらないまま父親が亡くなったら、相続人になることが予想されるのは母親・長男・長女の計3人です。この3人が推定相続人になるわけです。

　推定相続人はあくまでも推定なので相続権は有しません。ただし、過去および将来にわたって被相続人から贈与を受けていた場合は、相続発生時に特別受益とみなされる可能性があります。そうなったら生前贈与を相続財産に持ち戻したうえで遺産分割を行う場合もあります。

　一方、推定相続人の立場にあっても、推定相続人にならない人がいます。相続欠格になった人（民法891）と、推定相続人の廃除を受けた人（民法892）です。相続人や推定相続人に不適格の烙印を押されているため、該当しません（詳細は第1章P16参照）。

### ■ 争族回避の対策

　推定相続人を確認したら、その人たちの関係性、つまり仲の良し悪しや、トラブルは起きていないか、あるいは起きることが予想されるかを

考えます。関係性に何か問題があると、いざ相続人になってからの遺産分割協議でもめることが予想されます。親族間の争族に発展するわけです。もちろん、関係性が良好でも、遺産分割協議でもめることは少なくありません。

いずれにせよ、争族を想定し、回避するための手立てを事前に検討しておくべきでしょう。

**争族回避対策**は主として次の2つが挙げられます。

## 1. 遺言書の作成

自分が亡くなった後の遺産の分け方について、生前に意思を示せる法的な書面が遺言書です。遺言書の作成は、もめごとを最小限に抑える最良の方法であり、「遺言書に書いてあるから」「故人の意思だから」ということで収まりやすくなるものです。相続人は遺言で指定されたとおりに遺産を分け合うことになります。**遺産分割協議が不要**となるため、遺言書の作成は争族を防ぐ最も有効な手段といえるでしょう。

ただし、遺言書の内容によっては「**遺留分**」（P31参照）などのトラブルを招くこともあります。作成に注意を払わなければなりません。具体的なポイントは後述します（P162参照）。

## 2. 分けにくい不動産などの財産に生命保険の活用

不動産や自社株など分けにくい相続財産があるときは遺産分割でもめやすく、このときは生命保険が役立ちます。たとえば、相続人が長男と次男だったとしたら、長男は不動産、次男は同額の保険金を受け取れるようにするやり方です。結果として公平になり、スムーズな遺産分割を実現できるのです。

また、生命保険の死亡保険金を活用して争族を防ぐ方法があります。相続財産に預金が多い場合、一時払いで終身保険の保険料の全額を預金から支払うことにより、財産を減少させ、加入したその保険金は受取人を指定しておけば遺産分割の対象外となるため、遺留分を減らす効果もあります。遺産分割でもめる可能性が高い場合にはとくに有効です。

## 3. 相続税の概算把握と納税対策

　前述したとおり、相続財産の評価総額と相続人の人数の目星がつけば、相続税を見積ることができます。実際に計算してみましょう。

　相続税の計算方法は、相続財産の評価総額から基礎控除額を差し引き、課税される遺産総額を算出します。これがマイナスなら相続税はかからず、プラスの場合に相続人の法定相続割合に応じた相続額ごとにそれぞれ所定の税率をかけた相続税を合計した額が課税遺産総額に対する相続税として決まります。基礎控除額は「3,000万円＋600万円×相続人の数」です。たとえば、相続財産の評価総額1億2,000万円、妻、長男、長女の3人を相続人とした場合、基礎控除額4,800万円、課税される遺産総額は「1億2,000万円－4,800万円」で7,200万円になります。

　この7,200万円を相続人3人が法定相続分どおり（妻2分の1、長男・長女4分の1）に遺産分割したとして、所定の税率をそれぞれにかけると、次のように相続税の総額が導き出せます。

### 相続税額の計算手順

**①相続税の課税価格 1億2,000万円を妻・長男・長女が法定相続分で取得したとして計算**

| 基礎控除 | 3,000万円＋600万円×3人（法定相続人の数）＝4,800万円 | | |
|---|---|---|---|
| 課税遺産総額 | 1億2,000万円－4,800万円＝7,200万円 | | |
| 各相続人の法定相続分額 | 妻 1/2<br>3,600万円 | 長男 1/4<br>1,800万円 | 長女 1/4<br>1,800万円 |
| | ⬇×税率 | ⬇×税率 | ⬇×税率 |
| 相続税の総額<br>**960万円** | 3,600万円×20%－200万円<br>**520万円** | 各人1,800万円×15%－50万円ずつ<br>**220万円** | **220万円** |

⬇

**②各相続人が実際に取得した財産の割合に応じて比例配分**

　たとえば、妻が5,400万円（45%）、長男が4,200万円（35%）、長女2,400万円（20%）を実際に取得したとした場合、各相続人の納税額は下記のとおりとなります。

- 妻　　960万円×45%＝432万円　（配偶者控除額を全額利用でき納税額が0円）
- 長男　960万円×35%＝336万円　（納税予定額）⎫
- 長女　960万円×20%＝192万円　（納税予定額）⎭ 納税額が528万円

## ■ 納税資金で苦しまない対策をする

相続税の負担額を概算で把握したら、その資金をどうするかです。税負担が重い場合には、事前の納税対策が必要になるわけです。

納税対策は大きく次の3つが挙げられます。

### 1. 暦年贈与の活用

暦年贈与は、原則として1年間（1月1日から12月31日まで）に110万円までの贈与であれば非課税となるルールです。この暦年贈与を非課税枠内の金額で毎年コツコツ実践すれば、本来課せられる贈与税なしに資金移動でき、そのお金を納税資金にあてられます。また、110万円の基礎控除を超えた贈与でも、直系尊属（父母・祖父母）から18歳以上の子や孫への贈与は贈与税率が軽減されます（特例税率適用。P132参照）。

ただし、2023年度の税制改正大綱において、暦年贈与の生前贈与加算が、相続開始前3年から7年に延長されることになりました。適用は2024年1月以降の贈与からで、2028年から1年ずつ加算年数が増加して2031年1月の相続発生から最長の前7年加算となります。延長した4年間の間に受けた贈与合計から合計100万円まで相続財産に加算されないものの、今後はより早くから時間をかけて暦年贈与に臨む必要があるでしょう（P132参照）。

### 2. 納税資金作りと節税を兼ねた生命保険の活用

生命保険の非課税枠を活用する方法です。被相続人が保険料を負担した生命保険の死亡保険金は、相続人を受取人にした場合には相続税が「500万円×法定相続人の数」まで非課税になると述べました。そこで、たとえば相続人になる子どもを受取人にした生命保険に加入しておけば、相続発生時に非課税の枠内で資金を遺せます。そのお金を相続税の納税資金にあてられるのです。保険金は現金ですぐに支払われる点からも有効といえます。できれば確実に保険金を受け取れる終身保険が望ましいです。

### 3. 延納・物納を前提とした生前対策

相続税の納付期限までの金銭一括支払いがどうしても困難な場合、分

割で納付する「延納」を選択するのもひとつの方法です。延納による金銭納付も難しい場合には、最終手段として「物納」があります。相続財産による納付です。ただし、どちらも**一定の条件**と、**相応の手間や時間をとられる**のは覚悟しなければなりません。相続発生前に不動産を**物納適格財産**にするための事前作業や、手続きを実行し、必要な資金（費用）を使うことにより、相続財産を減らしながら物納準備を行うことも有効な納税対策といえるでしょう。相続発生後の早めの行動が重要です。

## 4. 相続税の節税対策の検討

相続税の節税対策は大きく2つに分けられます。ひとつは「相続財産そのものを減らす方法および増加額を少なくする方法」、もうひとつは「相続財産の評価額を減らす方法」です。

相続税は相続財産の評価額をもとに計算するため、相続財産や相続財産の評価額を減らせば自ずと相続税も少なくなるわけです。

### ■ 相続財産を減らす方法

まず相続財産を減らす方法の代表的な手段として、何度も説明してきた生前贈与があります。生前贈与の中では暦年贈与が最もポピュラーで、1人につき年間110万円までの贈与は贈与税がかからないため、非課税枠いっぱいの贈与を10年続ければ、合計1,100万円の相続財産を減らせることになります。

また、住宅資金や教育資金、結婚・子育てなど、特別な目的のために子どもや孫に生前贈与する場合に一定の金額まで贈与税をゼロとする特例もあり、同じように非課税枠を使って相続財産を減らせるので該当する人は利用を検討しましょう。以下がこれまで説明してきたその特例です。

### ①居住用不動産の配偶者控除

婚姻期間20年以上の夫婦間において居住用の不動産あるいはその購入資金の贈与をした場合、2,000万円まで非課税です。しかも、贈与した年にその後相続が発生しても相続税の生前加算の対象になりません。

## ②住宅取得等資金贈与の非課税制度

父母や祖父母から住宅取得等のための資金を贈与した場合、最大1,000万円までが非課税になります。

## ③教育資金の一括贈与に係る贈与税の非課税制度

父母や祖父母から教育資金の一括贈与を受けた場合、最大1,500万円までが非課税になります。

## ④結婚・子育て資金の一括贈与に係る非課税制度

父母や祖父母から結婚・子育て資金の一括贈与を受けた場合、最大1,000万円までが非課税になります（①〜④詳しくはP136〜P141参照）。

### ■ 生前贈与を活用するときの注意点

生前贈与を行う資金的な余裕がある人は、税制が変わっても影響が出ないように、

・計画的に早くから長期にわたり贈与する

ことが基本になります。ただし、相続税の節税策ばかりに気をとられず、老後の生活資金をきちんと考えたうえで贈与する必要があります。そして、何より重要なのが贈与の法的な成立です。そのために、

・贈与するたびに毎年贈与契約書を作成する
・銀行振込などで贈与を実行する
・預金通帳や金融機関の届出印を受贈者が管理する
・贈与税の基礎控除110万円を超えるときは申告する

など、贈与の事実を証明できる行動を強く意識するようにしましょう。

加えて、「毎年同額の贈与はしないほうがいい」「毎年同じ時期の贈与は避けたほうがいい」などと言われ"全額課税"を心配する人もいますが、毎年贈与契約書を交わすなど贈与の実態があれば問題はありません。

### ■ 相続財産の増加額を少なくする方法

相続時精算課税贈与制度を使った節税対策として、60歳以上の贈与者が18歳以上の子や孫に贈与をした場合、最大2,500万円までが非課税

## 相続時精算課税贈与で節税する

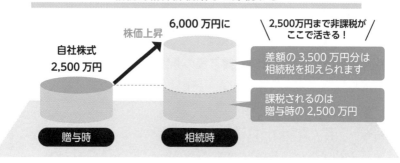

## 暦年課税制度と相続時精算課税制度の比較（現行）

| | | 暦年課税制度 | 相続時精算課税制度 |
|---|---|---|---|
| 贈 与 者 | | 誰でも可 | 60歳以上の父母や祖父母 |
| 受 贈 者 | | 誰でも可 | 18歳以上の子や孫 |
| 制度の選択 | | 選択制なし | 贈与者ごとに選択 |
| 基礎控除額等 | | 基礎控除額毎年110万円 | 累計で特別控除額2,500万円 |
| 課税対象額 | | 年間贈与財産額 − 110万円 | 年間贈与財産額 − 特別控除額 |
| 税 率 | | 18歳以上の子・孫等（特例税率）<br>上記以外（一般税率）<br>10〜55%の累進 | 一律20% |
| 申告の必要性 | | 110万円を超えると申告が必要 | 特別控除の枠内でもすべて申告が必要 |
| 届出の必要性 | | 届け出不要 | 最初に贈与を受けた年の翌年3月15日までに届け出が必要 |
| 相続時の取り扱い | 生前贈与の加算 | 相続開始前3年以内の贈与は相続財産に加算される。ただし、相続または贈与により財産を取得した者に限る | 過去にさかのぼってすべて相続財産に加算される |
| | 贈与税額控除 | 贈与税額は相続時の相続税から控除される（控除しきれない贈与税額の還付なし） | 贈与税額は相続時の相続税から控除される（控除しきれない贈与税額の還付あり） |

## ＋ 2024年1月以降適用の改正内容

| | | | 相続時精算課税制度 |
|---|---|---|---|
| 基礎控除額等 | | | 受贈者ごとに毎年110万円までの贈与の基礎控除あり |
| 申告の必要性 | | | 毎年110万円までの贈与の場合は必要なし |
| 相続時の取り扱い | 生前贈与の加算 | ・3年以内の加算➡7年以内の加算<br>・延長された相続開始前4年から7年までの贈与合計から100万円を上限として控除あり | 2024年1月以降の贈与から控除された年110万円までの基礎控除金額は加算されない |

になります。

　相続時精算課税贈与制度による節税の効果はいろいろあり、将来値上がりすることが見込める株式や不動産を持っていた場合、同制度を使って生前に贈与するというやり方もそのひとつです。

　生前贈与した財産は2,500万円以下であれば贈与税は非課税ですが、相続発生時には相続財産として加算され、相続税の課税対象になります。ただこのとき、生前贈与した財産は**相続時ではなく贈与時の「時価」**で評価されるため、相続時において贈与時よりも財産の価値が上がっていれば、その差額分だけ相続税を抑えられるのです。

　たとえば、当時評価額2,500万円の株式を相続時精算課税制度によりオーナー経営者である親から後継者である子へ贈与し、その子が自社の業績を向上させ、自社株の評価が上昇しても、株式は親から子へ移転済みであれば、その子も相続税の増額の必要はなく、引き継ぐ事業も頑張れるというものです。その後、相続発生したときには株価が上昇し、

### 相続時精算課税制度のメリット・デメリット

| メリット | デメリット |
|---|---|
| ①自分自身の意思による「生前贈与」なので、任意の時期に行えるため、価格の低いときに贈与することができる | ①一度選択したら一般贈与には戻れない |
| ②贈与者1人につき2,500万円まで非課税で贈与ができる | ②贈与された財産が値下がりしても、無価値になっても贈与されたときの評価額で相続税が課税される |
| ③将来値上がりする財産を贈与した場合、贈与した時点の評価で相続税が計算できる | ③贈与された財産は、物納の対象とならない |
| ④オーナー会社の特殊贈与による移譲で、社会的にも実質オーナー経営者としての地位を高めることができる | ④贈与された土地は小規模宅地評価減等の特例は使えなくなる |
| ⑤収益物件を生前贈与することによって親の財産形成を阻止し、収益が期待できる財産を子に相続できる | ⑤住宅や土地などの財産を贈与する場合、不動産取得税や登録免許税など、贈与税以外の税金がかかる |
| ⑥相続税があまり心配でない人も利用でき、受贈者が早く受贈財産を有効活用できる | |
| ⑦非課税2,500万円以外に毎年110万円ずつ贈与してもそれに贈与税はかからないし、生前加算対象外（持ち戻しなし）で相続税もかからない（2024年1月以降開始） | |

6,000万円の価値になったとしても相続時に相続税が課税されるのは贈与時の2,500万円だけなので、差額3,500万円分の相続税を抑えられる計算になります（P158図参照）。これは賃貸用不動産でも同様です。賃貸アパートなどの収益物件を同制度を使って生前贈与した場合には、親の財産増加を阻止して相続財産を膨らませずに済み、子のほうは賃料収入を相続税の納税資金に充てられる利点もあります。しかし、生前贈与した株式や不動産が相続時に必ず値上がりしているとは限りません。値下がり、無価値になっても、贈与時の評価額で相続税が課税されることは覚えておきましょう。ただし、2024年1月からの改正により不動産の場合は、災害により著しく毀損し一定額以上の被害を受けたような場合は相続時に再計算して減額分を控除できるようになります。

## ■ 相続財産の評価額を下げる3つの方法

　次の相続財産の評価額を減らす方法は、特例や不動産を活用する節税策です。大きく次の3つが挙げられます。

### 1. 小規模宅地等の特例

　小規模宅地等の特例は、被相続人が住んでいた自宅や事業に使っていた土地の相続において、一定の条件を満たすことで評価額を減額できる特別な制度です。居住用の土地は330㎡、事業用の土地は400㎡まで、最大8割減（貸付用地は200㎡までで5割減）となります。たとえば、330㎡で評価額3,000万円の自宅の土地であれば600万円の評価で相続税の課税対象になるので、大きな節税効果を得られます。ただし、貸付事業用宅地は、面積の限度計算があります。居住用の場合、一定の条件とは、相続する人が①配偶者②被相続人と同居していた相続人③配偶者や同居人がいない場合は相続前の3年間、持ち家のない借家住まいの相続人の場合であり、②の同居人の場合は相続発生後も10か月間はその場所に住み続け、所有していることが条件です（事業用は親の事業を子どもが申告期限まで営んでいること）。また、相続税の申告期限までに遺産分割を終えている必要もあるので注意しましょう（未分割では適用不可）。

## 小規模宅地等の特例（減額される割合等）

小規模宅地等については、相続税の課税価格に算入すべき額の計算上、下の表に掲げる区分ごとに一定の割合を減額します。

| 相続開始の直前における宅地等の利用区分 | | | 要件 | 限度面積 | 減額される割合 |
|---|---|---|---|---|---|
| 被相続人等の事業の用に供されていた宅地等 | 貸付事業用の宅地等 | 貸付事業以外の事業用の宅地等 | ① 特定事業用宅地に該当する宅地等 | 400㎡ | 80% |
| | | 一定の法人に貸し付けられ、その法人の事業（貸付事業を除く）用の宅地 | ② 特定同族会社事業用宅地等に該当する宅地等 | 400㎡ | 80% |
| | | | ③ 貸付事業用宅地等に該当する宅地等 | 200㎡ | 50% |
| | | 一定の法人に貸し付けられ、その法人の貸付事業用の宅地 | ④ 貸付事業用宅地等に該当する宅地等 | 200㎡ | 50% |
| | | 被相続人等の貸付事業用の宅地等 | ⑤ 貸付事業用宅地等に該当する宅地等 | 200㎡ | 50% |
| 被相続人等の居住の用に供されていた宅地等 | | | ⑥ 特定居住用宅地に該当する宅地等 | 330㎡ | 80% |

**貸付事業用宅地の限度面積**　$A \times \dfrac{200}{400} + B \times \dfrac{200}{330} + C \leq 200$

A：「特定事業用宅地等」、「特定同族会社事業用宅地等」の面積の合計（①＋②）
B：「特定居住用宅地等」の面積の合計（⑥）
C：「貸付事業用宅地等」の面積の合計（③＋④＋⑤）


## 2. 更地に賃貸物件を建てて遺す

　更地に賃貸物件を建てて遺すと、土地、建物ともに評価額を減額できます。まず土地の評価は、賃貸物件が建っている敷地（貸家建付地）の場合、借地権割合と借家権割合を掛けた分を更地の場合の評価額から差し引くことになっているため、相続税の評価額は低くなります。計算式は次のとおりです。

> **貸家建付地評価額 ＝ 自用地の評価額 ×（1－借地権割合×借家権割合）**

　また、前述した小規模宅地等の特例により、一定の条件を満たせば200㎡まで50％の評価額となります。

　次に借家人の住んでいる建物の評価は、通常の相続税評価額（固定資産税評価額）から借家権を差し引いて相続税の評価をされます。借地権

割合は30～90％です。その結果、アパートや賃貸マンションの建物の固定資産税評価額は取得価格（建築費）のおおむね50～70％で評価されるため、通常の評価額より低くなり、相続税を抑えられます。計算式は次のとおりです。

---

貸家の評価額 ＝ 固定資産税評価額 ×（1－借家権割合※）※全国一律30％

---

評価額1億円、面積200㎡の更地に、建物価格5,000万円（全額借り入れで調達）のアパートを建設した場合のシミュレーション結果を図で示しました。相続税の節税効果の高さがわかるはずです（P163の説明参照）。

なお、賃貸物件の取得資産を銀行借入より自己資金で賃貸物件を取得するほうが同じ節税効果で、資金繰り上、より安全な方法といえます。

### 3. 預貯金を不動産に変えて遺す

預貯金は口座残高を評価額としますが、そのお金を不動産に変えて遺せば評価額を下げられます。たとえば1億円で家を建てた場合、1億円の現金は1億円の評価ですが、建物の評価は固定資産税評価額を採用し取得価額の5～7割程度なので5,000～7,000万円に評価が下がり、節税となるのです。また、古い自宅の場合で、金融資産に余裕がある場合は、相続前に自宅を新築するのも有効な相続の節税対策となり、残りの人生の日々の暮らしがより快適で心身ともにリフレッシュな毎日に変えるのも相続対策といえるでしょう。

## 5. 遺言書の作成ポイントと付言事項の有効活用

遺言書は遺産の分け方について法的な効力を持ちます。円満な相続を望むのであれば、生前に遺言書を作成し、自分の意思を明らかにしておくことが肝心です。

遺言書は義務ではなく、逆に、自分が死んだ後のことまで決めたがる人のほうが少数でしょう。だからといって遺言書が不要というわけではなく、個々の状況によっては不可欠であり、大きな意味を持ちます。

## 土地の評価

賃貸物件が建っている敷地（貸家建付地）は、借地権割合と借家権（建物を借りている人の権利）割合を掛けた分を更地の場合の評価額から差し引くことになっているため、相続税の評価額が低くなります。また、「小規模宅地等の評価減」により、一定の条件に当てはめれば200㎡までは50％減額されます。

$$\underset{\text{（更地の相続税評価額）}}{1\,億円} \times (\,1\,-\,\underset{\text{（借地権割合）}}{0.5}\,\times\,\underset{\text{（借家権割合）}}{0.3}\,)\,=\,\underset{\text{（貸家建付地の相続税評価額）}}{8,500\,万円}$$

| 更地の相続税評価額 | → | 貸家建付地となり | → | 敷地200㎡までが50％減額 |
|---|---|---|---|---|
| 1億円 | | 8,500万円 | | 4,250万円 |

＊ただし、入居率（貸付割合）も影響する場合があります。

## 建物の評価

借家人の住んでいる建物の場合は、「借家権」を通常の相続税評価額から差し引いて相続税の評価をされます。借家権の割合は30％（一部40％の場合有り）です。その結果、アパートや賃貸マンションの建物は70％で評価されるため、通常の評価額より低くなり、相続税が少なくなります。

$$\underset{\text{（固定資産税評価額）}}{(5,000\,万円\times 0.6)} \times (\,1\,-\,\underset{\text{（借家権割合）}}{0.3}\,)\,=\,\underset{\text{（建物の相続税評価額）}}{2,100\,万円}$$

### 建築前

**〈相続財産〉**

| | |
|---|---|
| 土地（200㎡更地） | 1億円 |

### 建築後

**〈相続財産〉**

| | |
|---|---|
| 土地（200㎡の貸家建付地） | 4,240万円 |
| 建物（アパート） | 2,100万円 |
| 借入金 | ▲5,000万円 |

**賃貸マンション建築により、8,650万円分相続税の評価減額!!**

| | |
|---|---|
| 貸家建付地減額<br>（土地評価の15％減） | 1,500万円 |
| 建物評価減額<br>（土地評価の15％減） | 2,000万円 |
| 建物建築価額<br>（建物評価の30％減） | 900万円 |
| 小　計 | 4,400万円 |
| 小規模宅地減額<br>（土地評価の50％減） | 4,250万円 |
| 減額合計 | 8,650万円 |

## ■ 遺言による相続の指定を行ったほうが良いケース

次のいずれかに該当する人がいる場合は遺言書を作っておくべきです。

・法定相続分どおりの分割を希望していない人（事業承継者など）

・法定相続人以外の人に財産分与を考えている人（内縁の妻、手厚く看護してくれた人、障害のある子など）

・相続が争族となりそうな人（子がいない配偶者、後妻やその子、次男が後継者など）

・自分の想いを後世に残したい人（公益法人や社会貢献団体への寄附など）

たとえば子どもがいないケースは、夫が亡くなった場合、妻と夫の両親または兄弟の相続人同士が争うことがあります。対策として、「すべての財産は妻に相続させる」などと妻への遺言を残しておく必要があります。

## ■ 遺留分を侵害していないか要注意

遺言書の作成では、遺産の分け方について「誰に」「何を」「どのくらい」渡すのか、明確にすることが大切です。

相続人が複数の場合、公平性に配慮しなければなりません。遺産の配分に偏りがあると不平や不満を感じる人も出てきます。

ただ完全に平等に分配するのは難しいので、事前に配分の理由も含めて家族に説明したうえで遺言書を作成することが望ましいでしょう。もしくは、遺言書の付言事項などで「この財産を相続人○○に引き継がせたいのは△△の理由から」と明らかにしておくといいでしょう。

一方で、遺留分を侵害していないかも注意しなければなりません。配偶者、直系卑属（子どもや孫。代襲相続含む）、直系尊属（親や祖父母）には最低保障の財産取得分が認められるため、原則、法定相続分の2分の1の遺留分を侵害しないようにしましょう。ただし、相続人が直系尊属のみの場合の遺留分は3分の1となり、兄弟姉妹には遺留分はありません。

遺言書があると遺産分割のほか、相続に伴う名義変更もスムーズに進みます。ない場合は分割協議書を作成する必要があるため、いつまでも被相続人の名義になっていることも少なくありません。そうなると売却

や次の相続の際に手続きが大変になります。

■ 遺言でできることを認識し、付言事項も活用する

　遺言書は法的な効力を持つ書面です。しかし、その内容すべてが法的に有効というわけではありません。遺言は遺言者の一方的な意思表示により効力が生じる制度であるがゆえに、法的に有効とされる事項が決められているのです。遺言で成し得る法的な事項は、「**身分に関する事項**」「**財産に関する事項**」「**相続に関する事項**」「**遺言の執行に関する事項**」の4つになります。それぞれの事項にひも付く内容を認識し、遺言書を有効活用しましょう。そして最後に、これらの内容以外に「**付言事項**」として**被相続人の思いを記載する**ことをお勧めします。被相続人がどのような気持ちで各相続人に遺産を分けたかの理由や、各相続人一人一人への思い出や感情をつづることで、相続人に対する故人（被相続人）の気持ちがくみ取られ、円満な相続手続きとなるでしょう（巻末P227参照）。

### 遺言でできること

| 遺言でできる事項 | | 根拠条文 |
|---|---|---|
| 身分に関する事項 | 認知 | 民法 781 の 2 |
| | 未成年者の後見人指定 | 民法 839 の 1 |
| | 未成年後見監督人の指定 | 民法 848 |
| 財産に関する事項 | 財産の処分 | 民法 964 |
| | 生命保険の保険金受取人の変更 | 保険法 44 |
| | 信託の設定 | 信託法 3 の 2 |
| 相続に関する事項 | 相続人の廃除および廃除の取消 | 民法 893、894 の 2 |
| | 相続分の指定およびその委託 | 民法 902 |
| | 特別受益者の相続分 | 民法 903 の 3 |
| | 遺産分割方法の指定およびその委託 | 民法 908 |
| | 5 年以内の遺産分割の禁止 | 民法 908 |
| | 遺留分の減殺請求負担の指示 | 民法 1047 |
| | 相続人相互の担保責任の指定 | 民法 914 |
| 遺言の執行に関する事項 | 遺言執行者の指定およびその委託 | 民法 1006 |

## 「自筆証書遺言」5つのポイント

| 1 | 遺言書は手書きが原則 | 代筆、パソコン、録音、ビデオ等は無効です<br>＊財産目録のみパソコン作成が可能 |
|---|---|---|
| 2 | 日付を書く | 西暦または和暦○年○月○日（吉日は不可）と書きます<br>＊遺言書が何通もある場合、新しい日付の遺言書が有効 |
| 3 | 名前を書く | あなたの名前を書きましょう<br>＊遺言者の特定が必要なので、住所・生年月日まで書くとより確実に |
| 4 | 印を押す | 認印でもかまいません<br>＊実印ならばより確実に本人のものとわかります |
| 5 | 加除その他の変更に注意 | 遺言者が、その場所を指示し、これを変更した旨を付記してとくにこれに署名し、かつ、その変更の場所に印を押さなければ、その効力を生じません（民法 968） |

## 自筆証書遺言の書き方の作法

### 1 文章の書き方

○相続人への遺言は「相続させる」と書きます
○相続人以外は「遺贈する」と書きます

### 2 遺言執行人は1人でも数人でも可

○とくに子どもの認知、推定相続人の廃除、その取り消しなどには遺言執行者を指定することをお勧めします
○遺言執行者は誰でもなれます（未成年者および破産者を除く）
○遺言書は一般的に相続人相互の利害が相反する内容が多いので、相続人を遺言執行者にすることは熟慮しましょう

### 3 共同で作成する遺言書は無効

○同一証書上に書く夫婦連名等の共同作成の遺言書は無効です。それぞれ別々の用紙に書きましょう

### 4 受遺者の名前が特定できるようにしましょう

○あなたの子どもなどの場合には氏名を書きましょう
○遺贈したい場合はその人の氏名・生年月日・住所を書きましょう
（同姓同名の人は全国に何人もいるからです）

## 国外転出時課税を避ける遺言書

2015年度の税制改正で「国外転出時課税制度」が創設されました。国境を越えた租税回避行為を防止するために設けられたものです。同制度は相続にも関係し、遺言書の作成が重要な役割を果たします。

被相続人が時価1億円以上の株式など有価証券を所有し、**相続人は海外に居住している**場合、相続の際に**その株式を相続人に指定した場合は譲渡されたもの**となり、被相続人は所得税を課税されるというのが国外転出時課税のルールです。相続人は相続開始から4か月以内に被相続人の準確定申告（P201参照）をしなければなりません。このとき、遺言で国内に居住する相続人を受遺者として指定しておけば、制度は適用されずに済みます。「株式等は日本に住む長女○○に、その他の財産は海外に住む長男△△に相続させる」という遺言書があれば、時価1億円以上の株式など有価証券に対する所得税の課税および準確定申告の手間が避けられるのです。

なおこの制度には納税猶予があり、所得税の申告期限までに所定の手続きを行えば、**5年間納税が猶予**されます（10年まで延長可能）。その間に有価証券を所有したまま**国内に戻れば、猶予税額は免除**となります。

# III 相続発生前に確認すべき その他の情報と手続き

## 1. 公的年金、医療・介護関係の情報把握

　財産明細の一覧表を作成する話を前述しました（P144参照）。財産の内容を事前に家族と共有しておくことは非常に大切です。その際、財産の「所在」についての情報の共有も忘れないようにしてください。

　たとえば、預貯金であれば通帳、届出印、キャッシュカードがどこにあるのか。またキャッシュカードの暗証番号は何か。株式や債券・手形などの有価証券、生命保険であれば保険証券、不動産であれば契約関係書類がどこに保管されているかなどです。

　不動産の場合、所有権なのか借地権なのか、所有権の場合は抵当権の有無、借地権の場合は賃貸借契約書の存在やその内容を伝えておく必要があります。それによって家族が扱いを判断できるからです。

　高額な動産については、自動車は鍵や車検証の保管場所、書画骨董、貴金属などは査定見込み額や古物商による鑑定書の有無などを伝えておきます。

　こういった情報を家族と共有できていないと、相続発生後の各種手続きに支障をきたします。被相続人の銀行口座から葬儀費用などのお金を引き出せなかったり、全財産を把握したうえで行う遺産分割の話し合いが進まなかったりするのです。

　重要なのは家族が財産に早くアクセスできるようにしておくことです。そのために財産の所在などに関する情報を自身で把握し、事前に整理し、記録しておきましょう。

### ■ 家族が困らぬよう保管場所を共有

　主要な財産以外にも、必要な情報を把握して事前に家族に伝えておき

たいものがいくつかあります。

たとえば、公的年金の情報です。

国民年金や厚生年金を受給している人が亡くなった場合、年金を受ける権利を失うため、家族は年金を停止しなければなりません。

また、年金受給者が亡くなった際に、まだ受け取っていない年金がある場合は、故人と生計を同じくしていた家族であればその分を受け取ることができます。

さらに、遺族厚生年金や遺族基礎年金を受給している人が亡くなった場合には、遺族年金をもらえることがあります。

詳しくは第4章で説明しますが、これら公的年金に絡む事後手続きには年金証書と基礎年金番号が必要になります。ですから、受給している年金の種類、年金手帳や年金証書の保管場所を家族と共有しておきましょう。

公的医療の情報も同様です。事後手続きには国民健康保険証、健康保険証、介護保険証などの保管場所をわかるようにしておきましょう。

## 2. デジタル資産の情報把握

近年はネット銀行やネット証券など、オンライン上に金融口座を持つのが当たり前になっています。パソコンやスマートフォンを使って取引するので契約者本人以外には見えにくく、家族に内緒にしている人も少なくありません。

そうすると相続発生時にはどうなるでしょうか。家族はオンライン上の口座の存在に気づかず、財産の引き継ぎが難しくなります。

また、後から見つかった場合には相続手続きのやり直しをせざるを得ない手間が生じます。

こうした問題を避けるには、いわゆる「デジタル資産」の情報も棚卸し、家族と共有しておくことが大切です。

具体的にはネット銀行、ネット証券の名称および口座番号、それぞれの口座にある資産の内容をまとめます。

必須なのがログインIDやパスワードなどの情報です。デジタル資産はIDやパスワードなしにはアクセスできないので、必ずセットで伝えるようにしましょう。

ただ、中には家族にIDやパスワードを早くから知らせることに抵抗を感じ、生前ではなく死後に伝わるようにしたいと考える人もいるかもしれません。その場合はパソコンのファイルに保管し、PCのログインパスワードを書いたメモなどを遺族の目に留まる場所にしまっておけばいいでしょう。

## ■ 暗号資産（仮想通貨）の場合

ビットコインやイーサリアム、リップルなどの暗号資産を所有している人もいるかもしれません。

暗号資産は、銀行などを介さずインターネット上でやり取りできる財産的価値を持つ暗号データです。暗号資産事業者が運営する交換所や取引所を通じて入手・換金できます。価格の乱高下が激しいため、売買によって多額な利益を得られることも珍しくありません。

円やドルなどの法定通貨ではなく、国による保証や資産の裏付けはないものの、決済に使用できる通貨としてその役割や価値を持ちます。利益が生じた場合は確定申告を必要とし、所有者が亡くなった場合には預貯金などの金融資産と同様に相続の対象となります。

暗号資産もインターネット上で取引する性質上、家族が把握しにくいデジタル資産のひとつです。契約者本人がその存在を明らかにしておかなければ、築き上げた資産（ビットコインなど）が家族に引き継がれない可能性があるわけです。

ですから暗号資産についても、交換所や取引所のIDやパスワードを伝えておきましょう。

## ■ 口座が複数ある場合は"終活"の作業のひとつとして整理しておく

ネット銀行やネット証券の口座を複数持つ人もいるはずです。複数口

座があると遺族は相続時にそれぞれの金融機関に連絡をとらなければなりません。手間を増やすことになるため、情報把握の際に不要な口座は解約するなど整理しておくことをお勧めします。

市中の銀行や証券会社の口座も同様です。複数口座があると遺族の相続手続きの負担になることを考慮し、必要なものだけに整理しておきましょう。

## 3. その他契約上の債権・債務・保証債務等の確認

相続が発生すると、プラスの財産だけでなく、借金などのマイナスの財産も相続財産として扱われます。マイナスの財産の中には、先のデジタル資産と同様に契約した当事者しか知らず、家族に見えにくいものも潜んでいます。

たとえばカードローンです。繰り返し利用して借金が膨らんでいたとしても、家族は大抵気づきません。また、自ら借金するのではなく、連帯保証人になっていたとしても、家族は知る由もないでしょう。

一方で、誰かにお金を貸していた場合にはどうか。家族が気づかなければ損失となるので問題なのは変わりません。

こういった契約上の債権・債務・保証債務の情報をオープンにしないまま相続が発生すると、家族に迷惑をかけてしまいます。マイナスの財産を引き継がされ、借金の返済義務を負うことになりかねないからです。

残される家族のそんな姿を望む人はいないと思います。

ですから、債権・債務・保証債務の情報を確認し、家族と共有しておくようにしましょう。

加えて、相続時の家族の負担を減らすべく、債権は回収を進め、債務は返済計画を立てて可能な限り無くし、保証債務は債権者や債務者と交渉して解決しておくのが理想です。

### ■ 未払金の扱いにも注意

見落としがちな債務に未払金があります。未払金も債務であり、相続

時には家族に引き継がれることになります。

　クレジットカードの利用代金がそのひとつです。その支払いは利用時から1～2か月先となるため、自らの死後に請求が来ることも想定されます。従って、クレジットカードはすべての保有カードの会社名と引き落とし金融機関の口座番号をわかるようにしておきましょう。

　水道光熱費、通信費、家賃などについても同様です。それぞれの引き落とし金融機関の口座番号を家族にわかるようにして、速やかに名義変更などの手続きができるようにしておくことが大切です。

第 4 章

事後の手続きと対策は
スピーディーに実行しよう！

# I 相続発生後に行う 標準的な手続きと対策

## 1. 事後手続きの標準的なスケジュールとタイムリミット

　親や配偶者など、身近な人が亡くなった後の手続きは多岐にわたります。遺族がその手続きを担うのは言うまでもありません。

　まず全体像を把握しましょう。一連の主な手続きをスケジュール表にしてみました。一段落つくまでには最低1年かかりそうというのがわかるかと思います（表内で2年以内、5年以内とあるのは、ともに時効期限と思って、早めに手続きをしてしまいましょう）。

　これら多種多様な手続きは大きく2つに分けられます。

1. 被相続人の死亡後すぐに行うべき手続き
2. 少し落ち着いてから時効を踏まえて行う手続き

の2つです。

　1.は直後から2週間以内に行う手続きをメインとします。とくに期限はないものの、公共料金の名義変更やクレジットカードの解約など、速やかに行うべきものも含みます。

　2.は税に関係する手続きと、健康保険や年金関係の手続きに分かれ、前者は3か月から10か月以内、後者は2年以内または5年以内のスケジュールとなり、各種手続きの時効に注意しなければなりません。

　では、順番に手続きの詳細を見ていきましょう。


■ 亡くなった直後から7日以内にすべきこと

　まず、被相続人の死亡後すぐに行うべき手続きからです。直後は葬儀関連の手続きが中心になります。

【直後から7日以内】

・「死亡診断書（死体検案書）」、「死亡届」の提出

# 亡くなってからのさまざまな手続きとスケジュール

| 直後〜7日以内 | ●近親者への連絡、葬儀・法要の手配<br>●「死亡診断書(死体検案書)」、「死亡届」の提出<br>●「火葬・埋葬許可申請書」の提出、「埋葬許可証」の入手<br>●通夜、告別式・初七日、お墓・納骨の手配<br>●勤務先への健康保険の資格喪失の手続依頼 |
|---|---|
| 10日以内 | ●厚生年金(基金)の受給停止と未支給年金の請求 |
| 14日以内 | ●国民年金(基金)の受給停止と未支給年金の請求<br>●故人が世帯主の場合は「世帯主変更届」の提出<br>●国民健康保険・介護保険の資格喪失届の提出 |
| 速やかに | ●公共料金や車両などの契約者名義変更、解約<br>●事業承継者の各種契約の名義変更や解約<br>●クレジットカードの解約<br>●パスポート、運転免許証の返納(必ずしも義務ではない)<br>●生命保険の死亡保険金の請求<br>●個人事業の開廃業届出書・死亡届出書(消費税法)の提出 |
| 3か月以内 | ●遺言の捜索および検認<br>●相続人、相続財産の調査<br>●相続放棄、限定承認の手続き |
| 2か月〜4か月以内<br>(故人の死亡日に<br>より異なる) | ●事業承継者の所得税の青色申告承認申請<br>●所得税の準確定申告 |
| 10か月以内 | ●遺産分割協議および遺産分割協議書の作成<br>●預貯金や株式、不動産などの名義変更<br>●相続税の申告・納税 |
| 1年以内 | ●遺留分侵害額請求 |
| 2年以内 | ●高額医療費の払い戻し<br>●葬祭費・埋葬料の請求<br>●死亡一時金の請求<br>●介護保険料過誤納還付金の請求 |
| 5年以内 | ●遺族年金の請求 |

速やかに行う手続き

少し落ち着いてから時効を踏まえて行う手続き

早く請求して
生活費に充てる
こともできます

「死亡診断書（死体検案書）」と「死亡届」の用紙は一体となっています。病院や介護施設などで死亡した場合は、死因を確認した医師から死亡診断書を受け取り、死後7日以内に遺族が「死亡届」に故人の氏名や死亡日など必要事項を記入して市区町村役場に提出します。「死亡診断書」はさまざまな手続きに必要になるので、コピーをとっておくことをお勧めします。

　なお自宅など病院以外の場所で医師の診察を受けずに死亡した場合は、通常、警察に連絡して事件性の有無の確認のため、現場検証と検視が行われ、監察医により「死体検案書」が作成されます。

### ・「火葬・埋葬許可申請書」の提出

　火葬をするには市区町村役場の許可を得なければなりません。「死亡届」と一緒に「火葬・埋葬許可申請書」を市区町村役場に提出し、「火葬許可証」の交付を受けます。これを火葬当日に火葬場に提出します。

### ・「埋葬許可証」の入手

「埋葬許可証」は納骨の際に必要です。火葬後、火葬場で「火葬許可証」に証印を受けたら、その書類が自動的に「埋葬許可証」になります。これを今度は納骨のときに寺院や霊園などに提出します。

　葬儀社に葬儀を依頼すると、「死亡届」の提出から「火葬・埋葬許可申請書」の提出、「埋葬許可証」の入手まで代行してくれることがほとんどです。従って、遺族の手間は最低限で済みます。

「埋葬許可証」は納骨の際に墓地のある寺院や霊園などに提出します。

### 亡くなった直後から7日以内の手続き

| | 死亡診断書(死体検案書)、死亡届 | 火葬・埋葬許可申請書 | 埋葬許可証 |
|---|---|---|---|
| 期　　限 | 7日以内 | | |
| 必要書類など | 届出人の印鑑 | 死亡届、届出人の印鑑、身分証明書 | 火葬許可証 |
| 入手および提出先 | 死亡診断医師や病院で入手し、故人の居住地の市区町村役場に提出 | 死亡届を提出した市区町村役場 | 火葬場 |

その際、墓地の「利用許可証」と印鑑が必要です。また、永代供養の合祀墓に納骨する場合は、「受入許可証」が必要です。納骨の法的期日はとくにありません。

■ 亡くなってから10日以内にすべきこと

　厚生年金（基金）・国民年金の年金受給権者の死亡届は、日本年金機構にマイナンバーがひも付いている場合は原則不要です。ただし、未支給年金の届出などは必要となります。また、国民年金基金に加入・受給していた場合は、速やかに全国国民年金基金に連絡を入れます。

■ 亡くなってから14日以内にすべきこと

　葬儀、初七日が終わったら、役所や年金関係の手続きを中心に進めます。多くは死後14日以内が期限です。

・国民年金（基金）の受給停止と未支給年金の請求

　国民年金の受給者が亡くなると、その旨を年金事務所に報告する必要があり、「年金受給権者死亡届」を提出して年金支給を止めます。厚生年金は10日以内、国民年金は14日以内を期限としています。

　ただし、マイナンバーがひも付いている場合にはこの手続きは不要です。死亡届を出した時点で自動的に年金受給は停止されます。

　年金受給者が死亡日までに受け取っていない年金がある場合は、未支給年金として請求できます。請求できるのは故人と生計を同じくしていた遺族のみです。

・世帯主変更届の提出（故人が世帯主の場合）

　世帯主が亡くなったときは、新しい世帯主への登録変更を行う必要があります。世帯主が亡くなってから14日以内に、「世帯主変更届」（住民異動届）を市区町村役場に提出します。世帯員の構成によっては届出が不要となるケースもあります。

・健康保険、国民健康保険、後期高齢者医療保険の資格喪失届の提出

　亡くなると健康保険証は使えなくなるので、資格喪失の手続きを行い

ます。加入している保険の種類によって手続きは異なりますが、いずれ
の場合も資格喪失届の提出が必要です。

　故人が国民健康保険または後期高齢者医療制度に加入していた場合
は、14日以内に手続きを行って保険証を返納します（国民保険の加入者
が世帯主の場合には世帯員全員の保険証を返納すると、残された家族に
世帯主や被保険者番号が変更された新しい保険証が発行されます）。

　会社の健康保険に加入していた場合は、健康保険の資格喪失の手続き
を勤務先が代行し、期限の5日以内に年金事務所へ届け出してくれます。
遺族は死亡の事実をできるだけ早く勤務先に伝え、故人と故人に扶養さ
れていた家族全員の保険証を返却し、自分の居住地の市区町村役場で国
民健康保険への切り替え手続きを行う必要があります。

　また、死亡退職金や未払給与、その他の精算や私物の返却手続きも含
め、事業主との精算関係の手続きも行う必要があるでしょう。

・介護保険の資格喪失届の提出
　65歳以上の介護保険資格者や、40歳以上65歳未満で要介護認定を受
けていた人が亡くなった場合は、14日以内に介護保険資格喪失届を提出

### 亡くなった直後から14日以内の手続き

| | 厚生年金 (基金)、国民年金、国民年金基金 | 世帯主変更届の提出 (故人が世帯主の場合) | 健康保険、国民健康保険、後期高齢者医療保険の資格喪失届 | 介護保険の資格喪失届 |
|---|---|---|---|---|
| 期限 | 国民年金は10日以内、国民年金基金は速やかに。厚生年金(基金)は14日以内 | 14日以内 | 健康保険(会社員)は5日以内、国民健康保険や後期高齢者医療保険は14日以内 | 14日以内 |
| 必要書類 | 故人の年金証書、死亡記載のある戸籍謄本など | 届出人の本人確認書類、印鑑など | 被保険証、死亡を証明する書類など | 介護保険証 |
| 入手および提出先 | 年金事務所、市区町村役場、国民年金基金事務所 | 故人の居住地の市区町村役場 | 会社員は勤務先、自営業者は故人の居住地の市区町村役場 | 故人の居住地の市区町村役場 |

し、保険証を返納します。

## ■亡くなってから速やかにすべきこと

死後14日経過後は、被相続人のさまざまな契約の整理を中心に行います。明確な期限はないものの、解約しない限り月々料金が発生するので速やかに進めます。加えて、生命保険の死亡保険金請求をこの時期に行っておきましょう。また、故人が個人事業を行っていて事業を廃業する場合は、個人事業の**開廃業届出書**を（死亡日より1か月以内に）、消費税法上の課税事業者であった場合は**死亡届出書**を（速やかに）提出する必要があります。

### ●速やかに

### ・公共料金や車両などの名義変更、解約

電気、ガス、水道の名義変更や解約を各窓口で行います。契約を引き継ぐものは名義変更、引き継がない場合は速やかに解約します。手続きは電話またはインターネットで可能です。スマートフォン、固定電話、NHKなどその他の契約サービスも同様に手続きを行います。

また故人が車両を所有していた場合は、引き継ぐ遺族がいれば名義変更を行い、いなければ変更後、売却や廃車手続きを行うことになります。

### ・クレジットカードの解約

クレジットカードは名義人が亡くなっても有効なので、放置すると年会費がかかり、不正利用のリスクもあります。各カード会社に連絡して解約の手続きを進めましょう。その際、未払金があった場合は名義人死亡でも免責にはならず、原則として相続人に支払い義務が発生します。

### ・運転免許証、パスポートの返納

故人の運転免許証やパスポートを返納するルールはないですが、悪用されるリスクを考えると返納したほうが安心です。

なおマイナンバーカードは死亡届の提出で自動的に失効するため、返納する必要はありません。その他、保有資格などがある場合は、その関連団体に死亡届や除籍手続きを行う必要があります。

・死亡保険金の請求

　生命保険会社に連絡し、生命保険の死亡保険金の受け取り手続きを行います。死亡保険金の請求の時効は3年ですが、相続税申告や相続税の納税資金などで生命保険の非課税枠「500万円×相続人の数」を利用する場合には、早期に請求手続きをしておく必要があります。

　また損害保険会社についても故人の契約により保険金請求が必要な場合があれば確認を行い、手続きします。

　なお生命保険契約、損害保険契約いずれの場合も、故人が契約者になっていて死亡後も継続する場合は、契約者変更をする必要がありますが、その際、解約返戻金相当額がある契約については、相続財産課税の対象になるので注意する必要があります。

## 速やかに行うべき手続き

| | 公共料金や車両などの名義変更、解約 | クレジットカードの解約 | 運転免許証、パスポートの返納 | 死亡保険金の請求 |
|---|---|---|---|---|
| 期限 | 期限はないが速やかに | | | 時効は3年だが速やかに |
| 必要書類 | 手続きによって異なる | カード会社によっては必要書類を送ってもらう | 返納する運転免許証、パスポート、死亡の事実が確認できる書類、認印など | 死亡診断書の写し、保険金受取人の身分を証明する書類など |
| 提出先 | 各窓口 | 各カード会社 | 故人の居住地の警察署または運転免許センター、旅券事務所 | 保険会社 |

### ■ 亡くなってから1年以内にすべきこと

　次に、少し落ち着いてから時効を踏まえて行う手続きです。相続税関係の手続きが優先となります。時効は3か月から1年以内です。

### ●3か月以内

・遺言の捜索および検認（P50参照）

　遺言が残されていないか、自宅内の捜索や公正役場、法務局に照会を

します。自筆証書遺言がみつかった場合には故人の居住地を管轄する家庭裁判所に検認を申し立て、相続人全員で遺言書の開封・検認を行います（公正証書遺言や法務局で保管していた自筆証書遺言は検認不要）。

## ・相続人、相続財産の調査（P152、P64参照）

　誰が相続人になるのか、遺産はどんなものがあるのか、すべて洗い出して確定させます。相続税の申告は故人の死後10か月が期限となるため、相続人、相続財産の確定は速やかに行わなければなりません。

## ・相続放棄、限定承認の手続き（P33参照）

　被相続人に借金が多い場合や何らかの理由で相続に関わりたくない場合には相続放棄を検討します。また、プラスかマイナスか財産の内容が明確でない場合には限定承認（相続人が得た財産を限度として被相続人の財産を引き継ぐ）を検討します。

　相続放棄、限定承認ともに、相続の開始を知った日の翌日から3か月以内に家庭裁判所に申し立て、手続きを行わなければなりません。

　相続放棄は個々の相続人一人で選択できますが、限定承認のほうは相続人全員の同意を必要とする点を注意しましょう。

## ●4か月以内

## ・事業承継者の所得税の青色申告承認申請

　被相続人が青色申告を行っていて相続人が青色申告を継続しながら事業を承継する場合は、相続開始日が1月1日から8月末日までは死亡日から4か月以内に、10月末日までは同年の年末までに、12月末日までは翌年の2月15日までに、青色承認申請書を提出する必要があります。

## ・準確定申告（P201参照）

　被相続人に代わり、相続人が確定申告を行うことを準確定申告といいます。故人が亡くなった年の1月1日から死亡日までの所得を申告するもので、相続開始を知った日の翌日から4か月以内を期限としています。

　準確定申告が必要なのは次のような場合です。

　給与所得、退職所得以外の所得の合計額が20万円を超えていたり、事業所得や不動産所得があった場合や、給与所得が2,000万円を超えてい

たり、2か所以上から給与をもらっていた場合あるいは保険などの満期金・一時金を受け取っていたり、公的年金などによる収入が400万円を超えていた場合などです。

いずれも納税分が発生しなければ申告義務はありません。

なお医療費が多かった場合などは、準確定申告を行うことで税金の還付を受けられる可能性があります。また、個人事業を廃業せざるを得ない場合は、税務署や都道府県、市区町村への諸手続き以外に、各金融機関、その他の取引先や従業員に対し、諸手続きを行う必要があります。

## ●10か月以内

### ・遺産分割協議および遺産分割協議書の作成（P198参照）

遺言があった場合は被相続人の意思を表す遺言どおりの遺産分割を基本とし、遺言がない場合には相続人全員で遺産の分け方について話し合う遺産分割協議を行います。話し合いが終わったら、その結果をまとめる遺産分割協議書を作成します。

遺産分割協議は相続人全員で協議し、同意しなければなりません。全員の同意がないとその協議は無効となる可能性もあります。

相続税の申告・納付の期限内（原則、死亡日の翌日から10か月以内）に遺産分割協議を終え、遺産分割協議書を作成するのが原則です。

### ・預貯金や株式、不動産などの名義変更

遺産分割協議で「誰が」「何を」「どれだけ」相続するかが決まったら、遺産分割協議書にまとめたその内容に合わせて相続財産の名義変更を行います。具体的には、銀行口座（預貯金）をはじめ、株式や不動産（土地、建物、マンションなど）、自動車やバイクなどの名義変更です。

### ・相続税の申告・納税（P124参照）

相続税の申告が必要な場合は、相続開始の翌日から10か月以内に申告、納税を行わなければなりません。期限を過ぎてしまった場合には税額が控除されるさまざまな特例が受けられなくなるほか、加算税や延滞税の対象とされるため、必ず期限内に申告・納税を済ませましょう。ただ、申告期限までに遺産分割協議がまとまらない場合には未分割状態なの

で、一旦、法定割合で申告・納税を済ませ、その後改めて遺産分割協議を行います。その後、協議がまとまったら修正申告を行います。

## ●1年以内

### ・遺留分侵害額請求

　相続人には法律上、一定の遺産をもらう権利があります。これを遺留分といい、法定相続分の2分の1を原則としています。遺言によって本来もらえるはずのその相続割合より下回った場合、遺留分を取り戻す遺留分侵害額請求が可能です。期限は遺言を知ってから1年以内、請求は法定相続分の2分の1を限度とします。

## 3か月から1年以内にすべきこと

| | 遺言の捜索および検認 | 相続人、相続財産の調査 | 相続放棄、限定承認の手続き | 準確定申告 |
|---|---|---|---|---|
| 期限 | 原則3か月以内 | | 3か月以内 | 4か月以内 |
| 必要書類 | 遺言書検認申立書、遺言者の出生から死亡までのすべての戸籍謄本、相続人全員の戸籍謄本 | 故人の出生から死亡までのすべての戸籍謄本、財産目録など | 故人の出生から死亡までのすべての戸籍謄本、相続人全員の戸籍謄本、印鑑、印鑑証明など | 確定申告書、故人の給与、年金の源泉徴収票、医療費の領収書など |
| 提出先 | 故人の居住地を管轄する家庭裁判所 | 金融機関、保険会社、証券会社、故人の居住地の市区町村役場など | 故人の居住地を管轄する家庭裁判所 | 故人の居住地を管轄する税務署 |

| | 遺産分割協議および遺産分割協議書の作成 | 預貯金や株式、不動産などの名義変更 | 相続税の申告・納税 | 遺留分侵害額請求 |
|---|---|---|---|---|
| 期限 | 原則10か月以内（できれば速やかに） | | 10か月以内 | 遺言を知ってから1年以内 |
| 必要書類 | 相続人全員の印鑑証明 | 各金融機関の相続関係届書、相続手続依頼書、登記申請書など（法定相続情報一覧図の活用も可、P190参照） | 相続税の申告書、相続税がかかる財産の明細書、相続人全員の戸籍謄本 | 内容証明 |
| 提出先 | 相続人それぞれが保管する | 各金融機関、法務局など | 故人の居住地を管轄する税務署 | 遺留分侵害者 |

## ■ 亡くなってから2年以内、5年以内にすべきこと（時効に注意）

最後は健康保険や年金関係の手続きとなります。2年または5年が時効です。

### ●2年以内

### ・葬祭費・埋葬料の請求

被相続人が国民健康保険または後期高齢者医療制度に加入していた場合は、葬儀費用の補助として葬祭費が3〜7万円支給されます（金額は市区町村によって異なります）。申請先は故人が住んでいた市区町村役場です。

被相続人が会社員で健康保険に加入していた場合、葬祭費ではなく埋葬料が支給され、全国一律5万円が上限と決まっています。申請先は故人の勤務先や加入していた協会けんぽなどの健康保険組合です。

支給対象は喪主または生計を維持されていた者や埋葬を行った者に限られます。また、葬儀を行った翌日から2年以内に手続きをしなければ時効となるので注意しましょう。

### ・高額療養費や高額介護サービス費の払い戻し

故人が国民健康保険や健康保険などに加入し、生前に高額な医療費を支払っていた場合は、申請することで自己負担の限度額を超えた分が払い戻されます。これを「高額療養費制度」といい、申請は故人の医療費の支払いから2年以内です。

また、介護保険の介護サービスを利用している場合も同様で、自己負担の上限額を超えて支払っていた場合は、「高額介護サービス費」として、超過分の払戻しを申請できます。時効は同じで2年です。

### ・死亡一時金の請求

故人が国民年金を3年以上納め、老齢基礎年金や障害基礎年金を受け取らないまま亡くなった場合、遺族に死亡一時金が支払われます。

支給額は保険料を納めた月数に応じて決まり、12〜32万円です。

### ・介護保険料過誤納還付金の請求

故人が亡くなった時点で介護保険料の払い過ぎが発生していた場合、

納め過ぎた介護保険料を請求して還付してもらうことができます。

　申請は故人の居住地の市区町村役場で行い、亡くなった日の翌日から2年以内に請求しなければ時効です。

### ●5年以内

### ・遺族年金の請求

　故人が自営業者だった場合、遺族は遺族基礎年金を受給できます。故人が会社員で厚生年金に加入していた場合は、遺族基礎年金にプラスして遺族厚生年金を受給できます。

　申請は故人の居住地の市区町村役場または年金事務所で行い、故人が亡くなった日から5年以内に手続きを行わなければなりません。

**2年以内、5年以内にすべきこと（時効に注意）**

| | 葬祭費・埋葬料の請求 | 高額療養費や高額介護サービス費の払い戻し | 死亡一時金の請求 | 介護保険料過誤納還付金の請求 | 遺族年金の請求 |
|---|---|---|---|---|---|
| 期限 | 葬儀を行った翌日から2年以内 | | 亡くなった日の翌日から2年以内 | | 亡くなった日の翌日から5年以内 |
| 必要書類 | 申請書、葬儀費用の領収書など | 申請書、葬儀費用の領収書など | 故人の年金手帳、戸籍謄本、住民票（除票）、故人と申請者の関係がわかる戸籍謄本など | 申請書など | 故人の年金手帳、戸籍謄本、住民票（除票）、故人と申請者の関係がわかる戸籍謄本など |
| 提出先 | 故人の居住地の市区町村役場（国民年金や後期高齢者医療制度加入者）、故人の勤務先や健康保険組合（健康保険加入者） | | 故人の居住地の市区町村役場、年金事務所 | 故人の居住地の市区町村役場 | 故人の居住地の市区町村役場、年金事務所 |

## 2. 相続財産の名義変更手続きと注意点

　被相続人の遺産を相続することが決まったら、相続財産の名義変更を行います。被相続人名義から相続人名義へと切り替える手続きです。前述したとおり、預貯金口座をはじめ、株式や不動産（土地と建物）、自

動車やバイクなどの名義変更を必要とし、相続税の申告・納税の期限である「死亡を知った翌日から10か月以内」に行うのが原則になります。

名義変更手続きは相続財産の種類ごとに方法や必要書類が異なります。預貯金口座の場合、金融機関によっても同様なケースがあります。預貯金口座は各金融機関、株式は各証券会社に問い合わせ、必要書類などを確認するようにしましょう。一例として、金融機関での名義変更手続きの際に必要な書類を表にしました。すべての金融機関に共通するわけではありませんが、意外に多い手続きに驚かれるかもしれません。

**金融機関等で名義変更手続きの際に必要になる書類（例示）**

| 必要書類 | 内容 | 発行 |
|---|---|---|
| 相続手続依頼書 | ・相続人全員の自著、実印での捺印 | 金融機関 |
| 被相続人の戸籍謄本、除籍謄本、改製原戸籍謄本など | ・生まれたときから亡くなったときまで続いている戸籍謄本をすべて<br>※既に亡くなっている推定相続人については、別途、戸籍謄本が必要な場合もある | 本籍所在地の市区町村役場 |
| 相続人の戸籍謄本 | ・結婚、養子縁組などで除籍されている相続人は、現在の戸籍謄本 | 現住所の市区町村役場 |
| 相続人の印鑑証明書<br>（発行日から6か月以内のもの） | ・相続人全員、各１通ずつ必要<br>・海外に住居のある場合、大使館・領事館で発行するサイン証明書 | 現住所の市区町村役場 |
| 金融機関との取引書類 | ・取引のあるすべての通帳、証書、鍵、カードなど<br>・当座預金がある場合は、未使用の手形・小切手の返却<br>・マル優、貸金庫、カードローンがある場合は解約届<br>・その他、必要に応じて払戻請求書や振込用紙など | 金融機関 |
| 相続人の実印・取引印 | ・預金の払戻印は実印、名義書換の場合は引継者の取引印 | － |
| 遺産分割協議書<br>（遺産分割協議書がある場合） | ・遺産分割協議書を作成する場合は、金融機関の預金の相続方法を記載 | － |
| 調停調書・審判書<br>（遺産分割調停または審判があった場合） | ・調停調書正本または謄本<br>・審判書正本または謄本および審判確定証明書 | 家庭裁判所 |
| 遺言書<br>（遺言がある場合） | ・遺言書および遺言検認調書謄本<br>※自筆証書遺言の場合は、検認手続きが必要<br>・遺言執行者選任審判書<br>※遺言書で遺言執行者が選任されている場合は不要 | 検認手続きは家庭裁判所 |

## ■ 不動産の名義変更が法律で義務化へ

　名義変更でとくに注意すべきなのは不動産の扱いです。

　そもそも相続財産の名義変更は義務ではありません。また、期限も設けられていません。トラブルを避けるには速やかに行わなければならないものの、法律上の規定や期限がないため、被相続人の名義のまま変更せずに放置するケースが少なからず見られます。

　しかし、不動産についてはそういうわけにはいかなくなりました。法律の改正により、2024年4月1日から**不動産の相続登記（名義変更）が義務化**されることになったからです。

　背景には、所有者不明土地の増加の問題があります。長年、不動産の相続登記が十分行われてこなかったゆえに、登記記録を見ても所有者が直ちに判明しない土地の増加を招きました。その結果、防災・復興事業や土地取引などに支障をきたすこととなり、国が法改正による相続登記の義務化を決め、所有者不明土地の解消に乗り出したのです。

　2024年4月1日からは、不動産の所有者が死亡したときには、その不動産の相続人が「所有権移転登記」を申請し、自分が所有者になったことを登記しなければなりません。相続登記はこの手続きを指し、一般的には名義変更とも呼ばれます。対象となる不動産を管轄する法務局に登記申請書および添付書類を提出して行います。

　2024年4月1日を境に、相続登記は法律上の義務となりますが、その日よりも前に開始した相続もこの義務の対象です。つまり、長年放置してきた不動産の相続登記も義務になるのです。


## ■ 期限3年以内、「正当な理由」なしの違反は罰金

　では、相続登記はいつまでに行わなければならないのか。

　不動産を相続した相続人は、その**取得を知った日から3年以内**に相続登記をしなければなりません。被相続人が「亡くなった日」ではなく、相続による不動産の取得を「**知った日**」から3年以内です。

　先に述べたとおり、不動産の相続登記義務は法改正前に開始された相

続にも適用されますが、こちらは原則として法改正日の**2024年4月1日から3年以内**に相続登記をしなければなりません。

　期限内に相続登記をしなかった場合には、10万円以下の過料が科せられる可能性があります。正当な理由があれば過料の対象になりませんが、「相続人の間で話がまとまらなかった」「過料の罰則を知らなかった」などは該当しません。法律違反による罰金なので、かなりの厳しさをもって運用されるものと思われます。

**登記をしなかった場合の罰則**

**正当な理由なく期限内に相続登記をしないと 10 万円以下の過料（罰金）**
（しかも厳しい運用が予想されています）

**正当な理由が認められる場合の例**
・重病で相続登記ができない
・遺言の有効性や遺産の範囲に争いがある
・相続人がきわめて多く、戸籍謄本の収集に多くの日数が必要

**正当な理由と認められない場合の例**
・相続人の間で遺産分割協議がまとまらない
・相続登記の費用が高い
・過料の罰則があることを知らなかった

■ **未登記には罰則よりも怖ろしい6つのリスクが**

　このような登記義務違反を回避するには、保有する不動産の洗い出しが必要になります。義務化の対象には施行以前に相続した不動産も含まれるので、実は江戸時代からの土地がご先祖様の名義のままになっているなどということもまれな話ではないからです。そうすると法定相続人の数は膨大です。その人たちが集まって改めて分割協議をしなければなりません。

　国としてもそのような事態を想定し、2022年度税制改正により、登記手続きに必要な「登録免許税」の軽減策が拡充され、**価値が100万円以下の土地は登録免許税が免除**されています。また2023年4月27日から

は、相続などによって取得した土地を手放せるようになる「相続土地国庫帰属制度」が始まりました。しかし、手放すにしても相続登記は必須です。そこで所有権の取得者が確定するまでのつなぎ対策として「相続人申告登記制度」が相続登記申告義務化とともにスタートします。これにより手間のかかる正式な相続登記を、遺産分割協議が成立するまで先送りできることになり、それまで過料が科せられないということです。

ここでホッとしないでください。未登記放置のリスクを表にしてみました。大きく分けて6つあります。

## 未登記のままでいた場合の6つのリスク

### ① 不動産の売却や担保設定ができない

登記を終えていない不動産は、当然売却ができません。金融機関から融資を受ける際の担保にもなり得ません。

### ② 権利関係が複雑化してしまいます

相続から長期間が経過すると相続人の数が増え、その調査だけでも大変です。登記の手続費用や手数料も高額になってしまいます。

### ③ 不動産が差し押さえられる場合も

相続人の中に負債を抱えた人がいる場合、債権者は代位登記という相続人の代わりに登記し、不動産を差し押さえることができます。

### ④ 遺産分割協議が困難になる

相続人の中に認知症を発症した人がいる場合、遺産分割協議が無効になります。成年後見人をつける必要があります。

### ⑤ 必要書類の入手が困難になる

亡くなった人の住民票(除票)や戸籍謄本などは役所の保存期限を過ぎると入手困難。別な手続きや対策を講じる必要が出てきます。

### ⑥ 近隣や自治体から損害賠償請求も

不動産が荒廃して樹木が生い茂り道路を寸断したり家屋が倒壊するなどした場合、近隣住民や自治体から損害賠償請求されることも。

## 不動産の相続登記の義務化について

　　所有者不明土地問題解消のため、法改正により、不動産の相続登記の義務化のほか、所有者の氏名や住所などの変更登記についても義務化されることになりました。現段階では施行日は未定ですが、2026年には施行される予定です。所有者の氏名、住所などの変更があった場合、その変更があった日から2年以内に変更登記を行わなければなりません。正当な理由がなくこれに違反すると、5万円以下の過料の対象となります。

## 3.「法定相続情報一覧図」の活用と作成・申請時の注意点

　相続手続きを進める際には、戸籍謄本などの必要書類の収集が欠かせません。預貯金口座や株式の名義変更、不動産の相続登記、相続税の申告などの手続きにおいて、被相続人との相続関係を証明しなければならないからで、そのために必要な戸籍謄本をすべて集めて銀行や法務局、税務署などの各種窓口に提出します。戸籍謄本は膨大な量になるケースが多く、手続きのたびに必要書類を集め直すのは相続人にとって大変な手間と労力を伴います。

　この作業を格段に楽にしてくれるのが、2017年5月からスタートした**「法定相続情報証明制度」**による**「法定相続情報一覧図」**です。法定相続情報一覧図を活用することで、何度も戸籍謄本を集める必要がなくなるのです。

　法定相続情報一覧図の詳細と作成から申請までを見ていきましょう。

### ■ 1枚の書面で相続関係の証明になり、相続手続きの同時進行も可能に

　法定相続情報一覧図とは、被相続人の相続人は誰なのかをわかりやすく図式化した書面になります。被相続人と相続人の関係性を示した家系

図のようなものと捉えればイメージしやすいでしょう。

　後述する手順で**法定相続情報一覧図**を作成し、法務局に提出します。内容が正しければ登記官によって**認証された法定相続情報一覧図の写し**（巻末P230参照）が発行され、公的なお墨付きを得た証明書として効力を持ちます。この写しを戸籍謄本等などに代わる書類として相続手続きに使用できるのです。

　法定相続情報一覧図の**発行**には**費用はかかりません**。**法務局**では法定相続情報一覧図を**5年間保管**し、その間の**再発行も無料**です（5年経過後は再度手続きが必要）。法定相続情報一覧図があれば、1枚の書面だけで被相続人との相続関係を証明できます。前述したとおり、戸籍関係の膨大な書類を集めなくて済むのです。

　また、複数の相続手続きの同時進行が可能になります。戸籍謄本を揃えて相続手続きする場合は、戸籍謄本の返却と提出を繰り返すため、手続きの同時進行は困難ですし、必要な通数を揃えると費用負担も増します。対して法定相続情報一覧図は複数枚の入手でも無料なので相続手続きの同時進行ができ、費用も抑えられるのです。

　法定相続情報一覧図は以下のような相続手続きの幅広い場面で使用できます。
・被相続人名義の預貯金解約や払い戻し
・株式や投資信託などの名義変更
・不動産の相続登記
・自動車や船舶などの名義変更
・相続税の申告・納税
・未支給年金の請求

■ **法定相続情報一覧図交付までの3ステップ**
　法定相続情報証明制度を利用できるのは、相続人またはその代理人とされています。従って、同制度に基づく法定相続情報一覧図は相続人個人でも作成することは可能です。

法定相続情報一覧図は、次の3ステップの手順を経て交付となります。

## ◆ステップ1　必要書類の収集

法定相続情報一覧図を作成するために必要な書類には、以下のとおり、「必ず用意する書類」と「必要となる場合がある書類」があります。まずこれらの書類を収集します。

## ◆ステップ2　法定相続情報一覧図の作成

必要書類が揃ったら、その情報をもとに法定相続情報一覧図を作成します。

A4サイズの白い紙に記載し、手書き（明瞭に判読できるもの）でもパソコンの入力でもかまいません。**下から約5㎝の範囲に認証文が付される**ので、その範囲には余白を設ける必要があります。

### 必要書類と取得先

| 必ず用意する書類 | 取得場所 |
| --- | --- |
| ① 被相続人の戸籍および除籍謄本（出生から亡くなるまでの連続したもの） | 被相続人の本籍地の住所地の市区町村役場 |
| ② 被相続人の住民票の除票 | 最後の住所地の市区町村役場 |
| ③ 相続人全員の戸籍謄本または抄本（死亡日以後の証明日のもの） | 各相続人の本籍地の市区町村役場 |
| ④ 申出人（相続人の代表）の氏名・住所を確認できる公的書類（身分証明書） | 申出人自身で必要書類を用意 |

| 必要となる場合がある書類 | | 取得場所 |
| --- | --- | --- |
| ⑤ 各相続人の記載事項証明書＝住民票写し（法定相続情報一覧図に相続人の住所を記載する場合） | | 各相続人の住所地の市区町村役場 |
| ⑥ 委任状（代理人が手続する場合） | A. 申出人（相続人の代表）と代理人が親族関係にある場合、それがわかる戸籍謄本（①または③の書類で判断できる場合は不要） | 代理人の本籍地の市区町村役場 |
| | B. 資格代理人の場合、資格者代理団体所定の身分証明書の写しなど | 代理人の本籍地の市区町村役場 |
| ⑦ ②の書類が取得できない場合、被相続人の戸籍の附票 | | 本籍地の市区町村役場 |

記載するのは

・被相続人の最後の住所、本籍（任意）、生年月日、死亡年月日、氏名
・相続人全員の氏名、生年月日、現住所（任意だが記載した場合は住民
　票の写しが必要）、続柄

　などです。

　これに作成者の住所、氏名などを加えて法定相続情報一覧図を完成さ
せます。

　各相続人の住所の記載は任意ですが、記載しておくと相続登記の申請
や遺言情報証明書の請求時に各相続人の住民票の提供が不要になる場合
があるので、手間を減らすために記載するのがよいでしょう。

　相続放棄をした相続人がいる場合も、氏名、生年月日および続柄を記
載します。ただし、推定相続人が廃除された場合は、その人の氏名、生

## 法定相続情報の記載例

最後の住所は，一覧図と共に
提出される住民票の除票や戸
籍の附票の除票により確認
（申出人の任意により，最後
の本籍を記載することも可）

相続人の住所は，任意記載の
ため，一覧図に記載されない
場合もある。

〔記載例〕

### 被相続人法務太郎法定相続情報

最後の住所　〇県〇市〇町〇番地
最後の本籍　〇県〇郡〇町〇番地
出生　昭和〇年〇月〇日
死亡　平成２８年４月１日
　（被相続人）
　法　務　太　郎

住所　〇県〇市〇町三丁目４５番６号
出生　昭和〇年〇月〇日
　（妻）
　法　務　花　子

以下余白

住所　〇県〇郡〇町〇３４番地
出生　昭和４５年６月７日
　（長男）
━ 法　務　一　郎　（申出人）

住所　〇県〇市〇町三丁目４５番６号
出生　昭和４７年９月５日
　（長女）
━ 相　続　促　子

住所　〇県〇市〇町五丁目４番８号
出生　昭和５０年１１月２７日
　（養子）
━ 登　記　進

作成日　〇年〇月〇日
作成者　〇〇〇士　〇〇　〇〇　印
　（事務所：〇市〇町〇番地）

作成者の署名又
は記名押印がさ
れる。

✓　上記のような図形式のほか，被相続人及び相続人を単に列挙する記載の場合もある。
✓　作成はＡ４の丈夫な白紙に。手書きも"明瞭に判読"できるものであれば可とする。

年月日および続柄は記載しません。

　なお、法務局のホームページでは各種様式とともに記載例を紹介しているのでチェックして利用しましょう。


### ◆ステップ3　申請書の記入、管轄の法務局へ申出

　法定相続情報一覧図の保管及び交付の申出書に必要事項を記入し、ステップ1で用意した書類、ステップ2で作成した法定相続情報一覧図とあわせて法務局の窓口に提出します。

　申出をする法務局は、以下の地を管轄する法務局の中から都合のよい場所を選択することが可能です。

・被相続人の本籍地
・被相続人の最後の住所地
・申出人の住所地
・被相続人名義の不動産の所在地

**法定相続情報一覧図の保管及び交付の申出書**

（補完年月日　令和　　年　　月　　日）

| 申出年月日 | 令和　　年　　月　　日 | 法定相続情報番号 | 　-　　　- |
|---|---|---|---|
| 被相続人の表示 | 氏　名<br>最後の住所<br>生年月日　　　　年　　月　　日<br>死亡年月日　　　　年　　月　　日 | | |
| 申出人の表示 | 住所<br>氏名<br>連絡先　　　　-　　　　-<br>被相続人との続柄　（　　　　　　　　　） | | |
| 代理人の表示 | 住所（事務所）<br>氏名<br>連絡先　　　　-　　　　-<br>申出人との関係　□法定代理人　□委任による代理人 | | |
| 利　用　目　的 | □不動産登記　　□預貯金の払戻し　□相続税の申告<br>□年金等手続<br>□その他（　　　　　　　　　　　　　　　　） | | |
| 必要な写しの通数・交付方法 | 　通　（　□窓口で受取　□郵送　）<br>※郵送の場合、送付先は申出人（又は代理人）の表示欄にある住所（事務所）となる。 | | |
| 被相続人名義の不動産の有無 | □有　（有の場合、不動産所在事項又は不動産番号を以下に記載する。）<br>□無 | | |
| 申出先登記所の種別 | □被相続人の本籍地　　　□被相続人の最後の住所地<br>□申出人の住所地　　　　□被相続人名義の不動産の所在地 | | |

上記被相続人の法定相続情報一覧図を別添のとおり提出し、上記通数の一覧図の写しの交付を申出します。交付を受けた一覧図の写しについては、被相続人の死亡に起因する相続手続及び年金等手続においてのみ使用し、その他の用途には使用しません。
申出の日から3か月以内に一覧図の写し及び返却書類を受け取らない場合は、廃棄して差し支えありません。

　　　（地方）法務局　　　　　支局・出張所　　　　　宛

　法定相続情報一覧図の保管および交付の申出は、法務局に足を運んで行うほか、郵送してもらうことも可能です（郵送の場合は返信用の封筒および郵便切手を同封）。

　申出から1週間程度で、法務局の認証印のある法定相続情報一覧図が交付されます。交付の際、戸籍謄本などの提出書類は返却されます。

　法定相続情報一覧図の提出は、弁護士、司法書士、税理士、行政書士、社会保険労務士などの資格者代理人に依頼することもできます。その際は委任状が必要（ステップ1の⑥のB）になるので、法務局のホームペ

ージにある様式と記載例を入手しましょう。

## 4. 当座必要資金の仮払い制度の利用

　民法の改正により2019年7月から「**預貯金の仮払い制度**」がスタートしました。親族が亡くなった際に相続人たちが直面するお金のピンチに対応すべく作られたものです。

　銀行などの金融機関では人が亡くなったことを知ると、不正出金などを防ぐ目的で故人名義の預金口座は「凍結」されるため、出金などの取引が一切できなくなります。

　また、相続財産は遺産分割が終わるまでは相続人全員の共有財産となるため、口座凍結を解除できず、預金を引き出すことができません。

　そうなると、相続人たちは葬儀費用など早急に必要な資金を工面できなかったり、被相続人に生活費を頼っていた相続人は生活が立ち行かなくなったりします。

　こういった事態を回避し、遺産分割が成立する前であっても、一定の金額であれば法定相続人が被相続人名義の預貯金を引き出せるようにしたのが預貯金の仮払い制度です。

### ■ 引き出せる金額の上限額とその計算例
　仮払い制度により引き出せる預貯金の上限額は、次の2つのうちの**低い金額**です。
- ・**死亡時の預貯金残高×引き出す相続人の法定相続分×3分の1**
- ・**150万円**

　上記は「**金融機関ごと**」の適用であり、支店ごとではないので注意が必要です。複数の金融機関に口座を持っていた場合はその分、引き出せる金額が増える可能性があります。

　どのくらいのお金を引き出せるのか、具体例を用いて上限額を計算してみましょう。

　相続人は妻と2人の子どもとし、A銀行に1,200万円、B銀行に600万円

の被相続人名義の預金があったとします。この場合、妻の法定相続分は2分の1、子ども2人の法定相続分は4分の1ずつです。

## ◆A銀行の場合

妻は「預金残高×法定相続分×3分の1」を計算すると、

・1,200万円×2分の1×3分の1＝200万円

150万円よりも多いので、出金可能な上限額は150万円になります。

子どもは「預金残高×法定相続分×3分の1」を計算すると、

・1,200万円×4分の1×3分の1＝100万円

150万円よりも少ないので、出金可能な上限額は100万円になります。

## ◆B銀行の場合

妻は「預金残高×法定相続分×3分の1」を計算すると、

・600万円×2分の1×3分の1＝100万円

150万円より少ないので、出金可能な上限額は100万円になります。

子どもは「預金残高×法定相続分×3分の1」を計算すると、

・600万円×4分の1×3分の1＝50万円

150万円より少ないので、出金可能な上限額は50万円になります。

妻がA銀行とB銀行で出金可能な上限金額の合計は150万円＋100万円＝250万円。子ども2人がA銀行とB銀行で出金可能な上限金額は2人合計で200万円＋100万円＝300万円です。3人合計で550万円となります。

これだけの金額を引き出せれば、葬儀費用や短期間の生活費などに困らないで済むでしょう。


### ■ 制度を利用する際の注意点

仮払い制度の申請は金融機関の窓口で行います。その際、以下の書類が必要になります。

・被相続人が生まれてから亡くなるまでの戸籍謄本または法定相続情報一覧図

・相続人の身分証明書、印鑑証明書

・申請書

金融機関によって取り扱いが異なる場合もあるので、事前に確認するようにしましょう。

　仮払い制度は相続人の資金不足を解消できる便利な制度です。しかし一方で注意しなければならないことがあります。

　制度を利用して引き出した預貯金を**生活費など自分のために使った場合**は**単純承認が成立**する可能性があり、それ以降は**限定承認や相続放棄が認められません**。従って、相続財産に多額の債務が含まれる場合には、限定承認や相続放棄をする可能性もあるので、制度の利用は避けるべきでしょう（**全額を被相続人の葬儀や借金返済にあてた場合には単純承認は不成立**）。

　また、相続人同士のトラブルに発展することも想定されます。引き出した預貯金を被相続人の葬儀費用など相続人全員のために使ったとしても、それを証明できなければ、他の相続人に「自分のために使ったのでは？」と疑念を抱かれかねません。ですからお金を使う際には必ず領収書をもらって提示できるようにしてください。

# 相続財産の分割対策と申告・納税対策

## 1. 遺産分割協議と協議書

……共同（複数）相続人が話し合いで相続する割合を決める

遺言による指定があれば内容に従って遺産を分けますが、遺言が残されていない場合には相続人同士で遺産の分け方を決めなければなりません。その話し合いを「**遺産分割協議**」といいます。

遺産分割協議では、「誰が」「どの財産を」「どれだけ」相続するかを決めます。民法上、各相続人の法定相続分を目安としますが、それに縛られる必要はありません。遺産の分け方に特別な決まりはなく、話し合いによって自由に決められるのです。

遺産分割には次の4つの方法があります。

・現物分割

遺産を現物のままで分割する方法です。たとえば自宅は妻、長男にはアパート、長女には預金、というように現物でそれぞれに相続させます。遺産を細かく公平に分割するのが難しいときに向くでしょう。

・代償分割

特定の相続人が、法定相続分以上の遺産を取得する代わりに、他の相続人に対して**自分の財産から代償金を負担する方法**です。不動産など分割しにくい遺産を相続した際に有効な策といえます。たとえば長男がアパートを相続する代わりに、次男に対して次男の相続分相当額の現金を支払うというようなケース。

・換価分割

不動産などの**遺産を売却して、その代金を分割する方法です。財産を処分しなければなりませんが、公平な分割が可能になります。

・共有分割

不動産などの遺産の一部または全部を複数の**相続人が共同で所有**する方法です。たとえば不動産を兄弟で2分の1ずつ所有します。その後の権利関係や管理方法が複雑になるのが難点です。

遺産の内容や各相続人の事情などを踏まえ、相続人全員が納得できる遺産分割方法を見つけましょう。

■ 相続人全員集まるべきか、期限はあるのか

遺産分割協議は、相続人全員の合意があって初めて成立します。1人でも反対者がいたら成立しません。

話し合いは原則、相続人全員で行います。一部の相続人が参加しないまま遺産分割協議をして話がまとまったとしても、無効になってしまいます。ですから事前に戸籍謄本などを調査し、相続人を正確に把握しておくことが重要です。

理想は相続人全員が一堂に会しての協議ですが、相続人の人数が多くなるほど難しくなるでしょう。その場合は相続人の代表者が意見をとりまとめ、電話やメールなどを使って一人一人合意を取り付けるのもひとつのやり方です。

遺産分割会議に期限はありません。このときまでに済ませなければならないという法律上のルールは定められていないのです。

とはいえ、相続税の申告が必要な場合は、相続開始から10か月以内に手続きを済ませなければならないため、申告期限の1か月前ぐらいまでに成立するよう遺産分割協議完了の目安とすればいいでしょう。

遺産分割協議が成立したら、合意した内容をまとめる「**遺産分割協議書**」（巻末P231参照）を作成します。

## 2. 遺産分割協議書の作成ポイントと重要性

遺産分割協議書の記述は遺産分割協議の最終決定事項です。**相続人全員の同意が必要**です。

遺産分割協議書に必要な記載事項は、

・被相続人の名前と死亡日

・相続人が遺産分割内容に合意していること

・相続財産の具体的な内容

・相続人全員の名前、住所と実印の押印　などです。

　遺産分割協議書の書き方に法的な決まりはなく、作成には手書きでもパソコンでもかまいません。ただし、内容に不備があると協議書が無効とされてしまいます。とくに相続人全員の署名捺印は必須です。

　同書の内容に従って遺産分割を行うことになるため、「**正確性**」と「**網羅性**」が何より求められます。遺産分割協議書にいずれかの問題があった場合、事後手続きに多大な影響を及ぼすことになります。

　まず**正確性**でいえば、相続財産を処分する際には遺産分割協議書の提出が必要ですが、被相続人名義の株式の名称やマンションの所在などが間違っていたら事は進みません。売却したくてもできないわけです。

　不動産については名義を被相続人から相続人に変更する相続登記が必要になり、法務局に提出する遺産分割協議書の記述が間違っていたら名義変更はできません。

　預貯金の記述も被相続人名義の銀行口座の番号が間違っていたら遺産分割は進まず、銀行口座の解約や引き出し手続きに支障をきたします。

　このように遺産分割協議書の内容が正確性を欠いていた場合には、間違いを修正して相続人全員に訂正印をもらうなど、手間と時間を要することになるのです。

### ■ 相続の前に大事なのは遺言書、後に大事なのは遺産分割協議書

　次の**網羅性**は、被相続人の全相続財産と決定した遺産の分け方を記述する遺産分割協議書において、その情報がすべて盛り込まれているかどうかです。一部でも漏れがあった場合には、遺産分割協議書を作り直さなければならないことも考えられます。

　従って、正確性と網羅性は重要であり、事後手続きをスムーズにするうえでミスは許されないのです。

私は相続のセミナーなどで「**相続の前に大事なのは遺言書。後に大事なのは遺産分割協議書**」というフレーズをよく口にします。

遺言書は何度でも書き直すことが可能です。しかし、遺産分割協議書はそういうわけにはいきません。書き直す手間はもちろん、そのたびに相続人全員が影響を受けるため、都度了解を得なければならないからです。ですから遺産分割協議書は遺言書以上に正確性と網羅性が求められることを肝に銘じてください。万が一漏れる場合に有効な一文は、協議書の文末に「**補記事項**」として「**上記の他に財産および債務が確認された場合、相続人〇〇〇〇がそのすべてを取得継承する**」という記載をお勧めします。そうすれば再度、協議書作成の手間と時間と経費が節約できます（巻末P231参照）。

### ■ 作成は誰でも可能だがプロに頼んだほうが安心

遺産分割協議書は誰でも作成可能です。被相続人の遺産を、どのように分割し、相続人の誰が相続するのかを明記します。書式は問わず、手書きでもパソコンで作成してもかまいません。

分割する相続財産の内容は具体的に記し、前述したとおり正確かつ漏れのないよう注意します。

書面を作成したら、最後に相続人全員で署名・押印を行います。実印については印鑑証明書を添えるのが一般的です。

遺産分割協議書は弁護士事務所または会計事務所や司法書士事務所などで作成を代行してくれます。内容の正確性や網羅性を押えるうえでは、プロに頼んだほうが安心といえるでしょう。

## 3. 準確定申告と相続税申告の関連性

準確定申告については相続手続きのひとつとして簡単に述べました。所得税の確定申告が済んでいない被相続人に代わり、相続人がその確定申告を行うことを指し、相続人全員の義務になります。

準と頭につくだけで、その内容は通常の確定申告と基本的には変わり

ません。ただし、先に述べた申告期限は大きく異なります。通常の確定申告では1年間の所得税を翌年の2月16日から3月15日までに申告手続きを行うのに対し、準確定申告は被相続人が亡くなった年の1月1日から亡くなった日までの期間を1年として相続開始から4か月以内に相続人が申告手続きを行わなければならないのです。そのほか、以下で比較するようにいくつか相違する点があります。

　通常の確定申告と準確定申告の違いを認識し、ミスのないよう手続きを進めましょう。

**確定申告と準確定申告の違い**

|  | 確定申告 | 準確定申告 |
|---|---|---|
| 申告者 | 本人 | 相続人代表<br>（共同の連署、押印が必要） |
| 申告すべき所得の該当期間 | 1月1日〜12月31日 | 1月1日〜亡くなった日まで |
| 申告書の提出と納税期限 | 翌年2月16日〜3月15日 | 相続開始を知った日の翌日から4か月以内 |
| 申告書の提出先 | 本人が住民票を置いている住所の管轄税務署 | 亡くなった人（被相続人）の住所の管轄税務署 |
| 保険料、医療費の所得控除の対象 | 1年間に支払った金額 | 本人が亡くなった当日までに支払った金額 |
| 配偶者控除や扶養控除の対象 | その年の12月31日時点での扶養の状況が対象 | 本人が亡くなった日時点での扶養の状況が対象 |

### ■ 相続税の申告書との整合性に注意せよ

　もうひとつ注意が必要なのが、相続税の申告書との関連性です。

　不動産や事業の所得を、準確定申告で青色申告する場合は、死亡日現在の貸借対照表を添付することになります。その貸借対照表には該当の日の資産と負債の状態を記します。それら勘定科目の数字と、相続税申告の数字は関連していなければなりません。準確定申告と相続税の申告時期にはズレを生じますが、準確定申告を経て相続税の申告となるため、相続財産との関連性があってしかるべきだからです。整合性がとれてい

ないと申告漏れと見られかねないので注意しましょう。

## 4. 相続税の延納・物納

　相続税は現金で一括納付するのが原則です。しかし、それがどうして
も難しい場合には、相続税を一定期間内に分割で納める「**延納**」や、株
式や不動産といった金銭以外の財産で納める「**物納**」が認められていま
す。ただし、一定の条件を満たさなければ利用できません。その内容や
利用方法を見ていきましょう。

　まず延納は、以下すべての条件を満たす必要があります。

### 1）相続税が10万円を超えること

　延納をしようとする人の納税額が10万円を超えていなければなりませ
ん。10万円に届かない少額の相続税は分割支払いを認めないということ
です。

### 2）納期限までに金銭で一括納付するのを困難とする事由があり、その金額を限度とすること

　理由なき延納は認められません。「**金銭納付を困難とする理由書**」（巻
末P232参照）と裏付け数字の提出を求められます。また、**延納できる
金額（延納許可限度額）**は決まっており、計算式は以下のとおりです。

$$延納許可限度額＝納付すべき相続税額－\{A－（B＋C）\}$$

A：納期限において有する現金、預貯金その他換価が容易な財産の価額
　　に相当する額
B：申請者および生計を一にする配偶者その他の親族の3か月分の生活費
C：申請者の事業継続に必要な1か月分の運転資金

　相続財産だけでなく申請者の固有財産も加味し、一方で生活に必要な
資金は手元に残しておくことができます。

### 3）担保を提供できること（延納税額が100万円以下で、延納期間が3年以下である場合には担保不要）

　延納税額および利子税（後述）の額に相当する担保を提供する必要が

あります。担保として提供できる財産は、「国債、地方債、社債」「土地」「建物、立木、登記船舶」といったものです。

## 4）申告期限までに「延納申請書」を提出すること

「延納申請書」を被相続人の住所地を管轄する税務署に提出する必要があります。「延納申請書」には先の「金銭納付を困難とする理由書」を添付し、そのほか担保提供関係書類などが必要です。

延納ができる期間は、相続財産に占める不動産等の割合に応じて**5年から20年**となっています。また、この延納する相続税に対しては**利子税**がかかります。

延納できる期間と延納にかかる利子税の割合については、その人の相続税額の計算の基礎となった財産の価額の合計額のうちに占める不動産

**相続税の延納期間および延納にかかる利子**

| 区分 | | 延納期間（最高） | 延納利子税割合（年割合） | 特例割合 |
|---|---|---|---|---|
| 不動産等の割合が75%以上の場合 | ①動産等に係る延納相続税額 | 10 年 | 5.4% | ※0.6% |
| | ②不動産等に係る延納相続税額（③を除く） | 20 年 | 3.6% | 0.4% |
| | ③森林計画立木の割合が20%以上の森林計画立木に係る延納相続税額 | 20 年 | 1.2% | 0.1% |
| 不動産等の割合が50%以上75%未満の場合 | ④動産等に係る延納相続税額 | 10 年 | 5.4% | 0.6% |
| | ⑤不動産等に係る延納相続税額（⑥を除く） | 15 年 | 3.6% | 0.4% |
| | ⑥森林計画立木の割合が20%以上の森林計画立木に係る延納相続税額 | 20 年 | 1.2% | 0.1% |
| 不動産等の割合が50%未満の場合 | ⑦一般の延納相続税額（⑧、⑨および⑩を除く） | 5 年 | 6.0% | 0.7% |
| | ⑧立木の割合が30%を超える場合の立木に係る延納相続税額（⑩を除く） | 5 年 | 4.8% | 0.5% |
| | ⑨特別緑地保全地区等内の土地に係る延納相続税額 | 5 年 | 4.2% | 0.5% |
| | ⑩森林計画立木の割合が20%以上の森林計画立木に係る延納相続税額 | 5 年 | 1.2% | 0.1% |

等の価額の割合によって、おおむね表のようになります。なお、各年の「延納特例基準割合」が7.3％に満たない場合の利子税の割合は、次の算式により計算される割合（特例割合）が適用されます。

> 特例割合＝延納利子税割合（年割合）×延納特例基準割合÷7.3％

　0.1％未満の端数は切り捨て、その割合が0.1％未満である場合は年0.1％となります。例として、表の①の場合の計算式を表すと——

　**5.4％×0.9％÷7.3％＝0.66575％**となり、0.1％未満を切り捨てるので**0.6％が特例割合**です（P204表中の※印）。

　この「**延納特例基準割合**」とは、各分納期間の開始の日の属する年の前々年の9月から前年の8月までの各月における銀行の新規の短期貸出約定平均金利の合計を12で除して得た割合として各年の前年の11月30日までに財務大臣が告示する割合に、年0.5％の割合を加算した割合をいいます。ちなみにこの表の「特例割合」は、**2022年1月1日現在の「延納特例基準割合」0.9％で計算**しています。従って、「延納特例基準割合」の変更があった場合には、「特例割合」も変動するので、延納申請に際しては所轄税務署で確認をしてください。


■ 延納が困難な場合に物納を考える
　次に物納については、以下すべての条件を満たす必要があります。

**1）延納によっても金銭納付が困難であり、その金額を限度とすること**
　物納は延納によっても金銭で納付することが難しい場合を前提とします。物納できる金額（物納許可限度額）は決まっており、計算式は以下のとおりです。

> 物納許可限度額＝相続税額－すぐに支払える金額－（年間の資金余剰額×延納期間）－臨時的な資力

**2）物納できる財産から選定されたもので、申請の順位を満たすこと**
　物納できる財産は相続で取得した国内の財産のみです。下記のとおり

種類によって申請の優先順位がつけられているため、自由に選定することはできません。

- ・第1順位……国債、地方債、不動産、船舶、上場されている有価証券など
- ・第2順位……非上場の株式や社債、非上場の証券投資信託や貸付信託の受益証券など
- ・第3順位……動産

### 3）管理処分不適格財産に該当しないこと

管理、処分することが難しい財産＝管理処分不適格財産については物納が認められません。たとえば、抵当権が設定されている不動産、譲渡制限のある株式などが該当します。

### 4）納期限までに「物納申請書」を提出すること

「物納申請書」を被相続人の住所地を管轄する税務署に提出する必要があります。「物納申請書」には「金銭納付を困難とする理由書」を添付し、そのほか「**物納財産目録**」などが必要です。

物納する財産は、その財産の本来の価値として物納できるわけではなく、**相続税の計算をした際の評価額**になることを覚えておきましょう。

また、延納許可を受けた相続税額について、その後に延納条件を履行することが困難となった場合には、申告期限から10年以内に限り、分納期限が未到来の税額部分について、延納から物納への変更を行うことができます。これを「**特定物納**」といいます。「特定物納」を申請した場合には、物納財産を納付するまでの期間に応じ、当初の延納条件による利子税を納付することとなります。

なお、特定物納に係る財産の収納価額は「**特定物納申請書**」を**提出したときの価額（時価）**になります。

## 5. 農地の納税猶予の特例

農地の相続では、相続税の支払いを心配する人が少なくありません。広大な農地を受け継ぐと、相続税の負担が重くなることが予想されるか

らです。加えて納税のために農地を処分すると、後継者が農業を続けられなくなる弊害も予想されるでしょう。

このような事態を回避できるよう、農家を保護するために設けられているのが、「**農地の納税猶予の特例**」になります。

農地の納税猶予の特例とは、農業を営んでいた被相続人から相続または遺贈により農地を取得した相続人が、農業を継続している間に農地にかかる相続税の支払いを猶予される制度です。

納税猶予の対象となる農地は、被相続人が農業用に使用していた農地を原則とし、次のいずれかに該当するものです。

・被相続人から相続により取得した農地等で遺産分割がされているもの
・贈与税納税猶予の対象となっていたもの
・相続の年に被相続人から生前一括贈与を受けたもの

その他、被相続人が特定貸付または認定都市農地貸付などを行っていた場合も上記いずれかに該当すれば対象となります。

猶予されるといっても、納めるべき相続税の全額が猶予されるわけではありません。

農地の納税猶予の特例が適用された農地は、「**農業投資価格**」に基づいて相続税を計算します。農業投資価格とは、農業に使うことを前提にした売買価格として国税局が定めたもので、通常の宅地評価額よりも低い

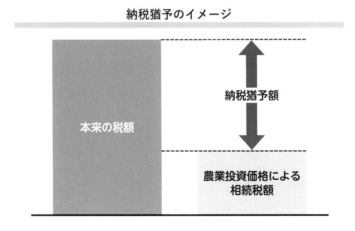

納税猶予のイメージ

本来の税額

納税猶予額

農業投資価格による
相続税額

設定になっています。その農業投資価格に基づいて算出された相続税額と通常の相続税評価額で算出した相続税額との差額が猶予されるのです。

　なお農業投資価格は国税庁のホームページの財産評価基準書で都道府県ごとに公表されています。

〈**参考例**〉

農業投資価格の金額表

　租税特別措置法第 70 条の 6 第 2 項に規定する農地等についての相続税の納税猶予額算定の基礎となる農業投資価格は、次表のとおりです。

（10 アール当たり）

| 都道府県＼地目 | 田 | 畑 |
|---|---|---|
| 群馬県 | 千円 790 | 千円 660 |

令和 4 年分（群馬県）

　**納税猶予**は支払い期間の延長を指しますが、実際には**納税免除**と同等です。以下のいずれかに該当する日を迎えたら、相続税の支払いは事実上免除されることになります。

・農地の相続人が亡くなったとき
・相続してから営農期間20年を経過したとき
・後継者に農地を生前に一括贈与し、その贈与税について納税猶予の特例を受けたとき


■ 特例適用の要件と手続き、注意点

　農地の納税猶予の特例適用を受けるには、いくつかの要件があります。被相続人および相続人それぞれの要件は以下のとおりです（いずれかに該当することが条件）。

◆被相続人の要件

・死亡の日まで農業を営んでいた人
・生前に一括贈与をした人
・死亡の日まで特定貸付、認定都市農地貸付などを行っていた人

◆相続人の要件

・相続税の申告期限までに農業経営を開始し、その後、引き続き農業経営を行う人
・生前に一括贈与を受けた人
・相続税の申告期限までに特定貸付または認定都市農地貸付などを行った人

　加えて、所定の手続きも必要になります。農地がある地域の**農業委員会**や、**相続税の申告期限内に行う税務署の手続き**です。また、猶予を受け続けるには**3年ごとに税務署に対して所定の手続き**を行わなければなりません。

　一方で注意しなければならない点もあります。農地の納税猶予の特例は、農地を相続した人が**農業を続けることを絶対条件とする制度**です。そのため、相続人が農業経営をやめた場合や、特例の適用を受けた農地を**譲渡、贈与、転用、耕作放棄**した場合には、**猶予された相続税額の全部または一部**に加えて、納税猶予開始日から納付する日までの期間について**利子税**を納めなければならないことを頭に入れておきましょう。

## 6. 相続税納税後の不動産譲渡は3年以内に

　不動産を相続して、相続税を納付した人に必見の情報です。相続により取得した不動産などの財産を一定期間内に売却した場合、通常かかる譲渡所得税を軽減できる制度があります。「**相続税の取得費加算**」と呼ばれる特例で、適用条件を踏まえて利用したら節税につながります。

　不動産を売却して利益が出ると、譲渡所得（売却益）に対して課税される譲渡所得税を支払わなければなりません。譲渡所得を計算する際には収入金額（不動産の売却金額）から取得費（取得費が不明の場合は、概算取得費として、その不動産の売却金額の5％の金額を取得費とみなします）と譲渡費用を控除することができ、この取得費に納付した相続税の一部、すなわち、課税相続財産に占める売却不動産の課税評価額の割合を乗じた相続税を上乗せできるのが相続税の取得費加算の特例で

## 相続税の取得費加算の特例

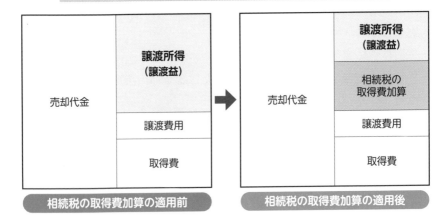

す。上で紹介する図のとおり、譲渡所得を減らすことができるため、譲渡所得税の節税がかなうわけです。

■ 相続した財産を売却する場合は相続開始日を起点に3年10か月以内に

　相続税の取得費加算の適用を受けるためには、次の3つの要件すべてに該当する必要があります。

## 相続不動産売却期限は3年10か月

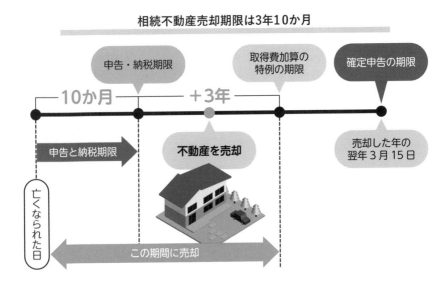

1. 相続または遺贈により財産を取得した人であること
2. その財産を取得した人に相続税が課税され、納付されていること
3. その財産を、相続開始日の翌日から相続税の申告期限の翌日以後3年を経過する日までに譲渡していること

とくに注意すべきは3.です。**相続開始日を起点に3年10か月以内で相続した財産を売却する**という期限を頭に入れておきましょう。

取得費に加算する相続税額は、次の算式で計算した金額となります。

ただし、その金額がこの特例を適用しないで計算した譲渡所得の金額を超える場合は、その譲渡所得相当額となります。

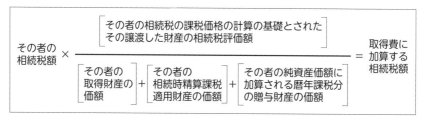

そして、不動産売買に伴う譲渡所得税の確定申告を行います。不動産を売却した翌年の2月16日から3月15日の間に申告を行わなかった場合は特例適用とならないので注意しましょう。

## Column
## 空き家譲渡の 3,000 万円特別控除

相続で被相続人の居住用財産である空き家を取得し、相続後にその空き家またはその敷地等を売却した場合、一定要件を満たせば譲渡所得から最高3,000万円まで控除できる特例があります。この「**空き家に係る譲渡所得の3,000万円特別控除**」の特例は、2023年の税制改正により2027年末まで4年間の期間延長が決まりました。節税効果の高い魅力的な制度ですが、相続税の取得費加算の特例との併用はできません。どちらも適用要件を満たす場合には、どちらを利用するか検討しなければならないのです。

# Ⅲ 相続税の税務調査の現況と 準備・対応策

## 1. 最近の相続税調査の現況について

　相続税の申告では、申告額の計算を間違えたり、意図的に税負担を少なくしたりすることが考えられます。該当者を放置してしまうと税の公平性は保たれません。そこで、税務署の職員が被相続人や相続人の自宅などを訪問し、申告内容が正しいかどうかを調査します。この調査のことを「**税務調査**」といい、贈与税や所得税、法人税などさまざまな税金の申告に対して行われる中、相続税は申告件数に対して最も調査比率が高いのが実状です。相続税は比較的高額なため、申告漏れがあるとその金額も大きくなることと、相続は一生にそう何度もあるものではないため、申告ミスが起こりやすいからだと思います。

### ■ 申告漏れは調査件数の9割余り、追徴税額過去最高記録

　相続税の税務調査について、直近の状況を見ていきましょう。

　最新の2021年を事務年度とする相続税の**実地調査**件数は6,317件、追徴税額合計は560億円、前事務年度比123.7％、116.2％と、ともに増加しました。同年度の申告者134,275人に占める割合は4.7％です。

　申告漏れ等の非違件数（ミスがあった申告書の件数）は5,532件。実地調査件数に占める割合は87.6％と、9割近い案件で問題が指摘されています。

　1件当たりの申告漏れ課税価格は3,530万円（対前事務年度比101.0％）となり、過去10年間で最高でした。また、1件当たりの追徴税額は886万円となり、過去最高だった前事務年度に次いで2番目でした。一方、文書、電話による連絡または来署依頼などによる面接により**接触**（**簡易な接触という**）した件数は14,730件、非違件数は3,638件、追徴税合計は69億

## 相続税の実地調査（2021年事務年度）

| 被相続人数 | 有税の申告者 | 課税割合 | 実地調査件数 | 調査割合 | 非違件数 | 非違割合 |
|---|---|---|---|---|---|---|
| A | B | $\dfrac{B}{A}$ | C | $\dfrac{C}{B}$ | D | $\dfrac{D}{C}$ |
| 1,439,856 人 | 134,275 人 | 9.3% | 6,317 件 | 4.7% | 5,532 件 | 87.6% |
| | | | (14,730 件) | (11%) | (3,638 件) | (24.7%) |

(A、B、C、D は国税庁 HP より)

＊有税の申告者の 4.7％が調査を受け、そのうち 87.6％が問題ありと指摘を受けている。
＊（　）内は、左から簡易接触件数・その割合・簡易接触中の非違件数・その割合の順で表示。
＊有税の申告者の 15.7％（約 6 人に 1 人）が調査または簡易接触を受けている。

円となりました。

　相続税の税務調査は国内の財産だけに限りません。資産運用の国際化が進む中、税逃れのために海外資産を利用するケースも増えているため、実地調査では海外資産の申告内容や財産の移動などもチェックされます。

　2021年度の海外資産の実地調査件数は660件にのぼり、うち申告漏れ等の非違件数は115件（対前事務年度比119.8％）、1件当たりの申告漏れ課税価格は4,869万円（同136.1％）と増加しました。

### 海外資産に係る調査実績の推移

相続財産には、土地や家屋をはじめ、株式などの有価証券、目に見えない保険の権利等さまざまな財産が含まれます。その中でも税務調査で指摘が多いのは、現金・預貯金等の申告漏れです。下記のとおり、過去5年の申告漏れ財産の金額の構成比の推移に表れています。

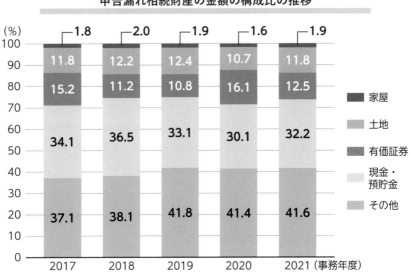

申告漏れ相続財産の金額の構成比の推移

## 2. 税務調査対応の準備と対策

■ 税務署の調査担当者からの質問内容

相続税の税務調査は**強制調査**と**任意調査**があり、**強制調査**は脱税や不当な相続税逃れを取り締まるもので、事前連絡なしで、突然、調査員が来たりするものですが、ほとんどの調査は、事前に調査通知の日程打ち合わせをして行われる**任意調査**です。多くの場合、申告書を提出してから1〜2年後の秋ごろに行われます。相続税の申告期限から5年ほど経過すれば、調査はないと思われます。

調査対象に当たる統計上の確率は、実地調査割合が4.7％で、簡易な接触割合が11％です（2021年事務年度）。実地と簡易的な接触を合わせると約16％となり、おおよそ6件に1件が税務署と関わるという確率にな

っています。

　相続税の調査は、申告書の計算や評価に誤りがあるか、申告書に計上漏れしている財産があるだろうと想定して行われます。

　やってくるのは税務署の資産課税部門の調査担当者です。通常、2人1組で調査に当たります。

　相続税の税務調査は税務署を管轄する国税局でも行い、統括国税実査官、資産調査課などの職員がその任に当たるのですが、こちらは税務署では対応が難しい富裕層や政治家、国際取引などの案件が中心です。

　調査担当者にはいろいろなタイプの人がいます。愛想よく笑顔を向ける人もいれば、ねちっこくあれこれ聞いてくる人もいます。それぞれのタイプに応じて冷静に対処するのが望ましいでしょう。

　どんな質問をされるか、気になる人も多いはずです。以下で質問内容の一例を紹介していますが、こちらも調査状況に応じて冷静に対応するようにしましょう。

【質問内容例】
・被相続人の出身地や職業、趣味、月々の生活費など
・被相続人の日記、スマホの有無
・被相続人や相続人の印鑑の確認
・被相続人や相続人名義の貸金庫の有無
・被相続人や相続人の取引先の金融機関、支店名
・相続人の家族（配偶者、子ども、孫）の年齢、職業や学校など
・被相続人からの生前贈与の有無、名義資産の有無
・被相続人の配偶者の資産状況
・被相続人の死亡直前の財産管理は誰が行っていたか
・被相続人が亡くなったときの状況（入院の有無、時期や病院名など）
・被相続人の介護や入院にかかった費用
・相続開始直前で下ろした現金の具体的な使い道

## ■ 税務調査に対する準備と対策

調査当日までに準備しておいたほうがよいものは以下のとおりです。

・相続税申告で使用した資料の原本一式
・被相続人の使用していた金融機関の通帳関係（原本）
・相続人の使用している金融機関の通帳関係（原本）
・相続人所有不動産（土地・建物）の権利証や購入時または建設時の資料等、所有する資産関連資料
・賃貸関係がある場合は賃貸契約書関係資料
・被相続人が使用していた印鑑や相続人が使用している印鑑等

## ■ 税務職員との対応方法

相続税の税務調査はどのような形で行われるのか。標準的な調査当日の流れを紹介します。

調査場所は一般的には故人の自宅または相続人代表の自宅で行われます。通常、調査は午前10時頃から始められ、昼頃までは税務調査官からの質問が主として行われます。その回答によって、申告内容の漏れや評価額の違い、名義変更または贈与の有無などを想定するのが主な目的であり、調査官の腕の見せ所といえるでしょう。

回答する側は誤解されないように表現することが重要です。曖昧な回答は避けるべきで、わからないことはわからないとはっきり答えるべきです。質問によっては調査官が答えを知っているのにもかかわらず、回答の仕方から相続人の仮装、隠匿の意図の有無を探るためにあえて行われる場合もあります。仮にその意図がある申告内容だと判断されると、ペナルティとして追徴課税（重加算税）を追加の相続税以外に追徴されることになります。何事も正々堂々と真実を答えることが重要です。

昼休憩後、午後は資料の確認作業がおおむね4時頃まで行われ、途中、貸金庫の利用や金庫・貴重品の保管場所およびその中身の確認も行われることもあります。難解な事案や調査のボリュームが多い場合は2日間にまたがることもあります。

調査終了後、税理士が立ち会っている場合は同席の上、相続人代表に対し調査結果についての指摘事項や未解決事項の宿題を調査官から伝えられ、その日は終了です。税理士が立ち会っている場合は、その後の交渉事は税理士が代理で行い、いない場合は相続人代表が自ら行うことになります。

調査終了後、数日間か数週間、場合によっては1か月以上、税務署側では内部で疑問点や問題事項および宿題に対する回答内容について、金融機関やその他の外部の関係者に問い合わせや確認を行って精査します。そして、申告内容についての非違事項や申告漏れ事項を取りまとめたのち連絡を行い、**修正申告**を促すことになります。

修正内容に納得した場合は、早めに修正申告と納付を行ったほうが**延滞税**（本来の申告期限から修正申告に基づく、追加本税を支払った日までの利息相当額）を節約できます。

仮に修正内容に納得できない場合は、再度、税理士とともに交渉を行います。それでも納得できる内容でなかったら**異議申立て**、それでも納得できない場合は**国税不服審判所**へ手続きを行うことができます。

## ■ 申告漏れが発覚したら追徴課税のペナルティ

税務調査で過少申告などが発覚した場合、修正申告を行い、その申請書の提出日までに「**追徴課税**」を納付するよう命じられます。追徴課税とは、税金の申告・納付に対して不足や遅れがあった場合に、本来の納税額に**プラスして徴収される税金**のことです。

追徴課税には、「**過少申告加算税**」「**無申告加算税**」「**不納付加算税**」「**重加算税**」の4つの種類があります（P218表参照）。

また、追徴課税の支払いを命じられた際には、付帯税に加えて「**延滞税**」の支払いも必要になります。延滞税は利息に相当する税金です。税率は年度によって異なり、2023年度は2.4%です。

なお追徴課税に時効はありません。支払いが免除されることはないので、必ず完納しなければならないのです。

## 4つの追徴課税

| 追徴課税 | 課税要件 | 課税割合 |
|---|---|---|
| 過少申告加算税 | ● 期限内申告について、修正申告・更生があった場合 | ● 10%（ただしAの場合は対象外、Bの場合は5%）<br>● 期限内申告税額と50万円のいずれか多い金額を超える部分：15%（ただしAの場合は対象外、Bの場合は10%） |
| 無申告加算税 | ● 期限後申告・決定があった場合<br>● 期限後申告・決定について、修正申告・更生があった場合 | ● 15%（ただしAの場合は5%、Bの場合は10%）<br>● 50万円を超える部分：20%（ただしAの場合は5%、Bの場合は15%） |
| 不納付加算税 | ● 源泉徴収等による国税について、法定納期限後に納付・納税の告知があった場合 | ● 10%（ただし納税の告知や税務調査の前に納付した場合は5%） |
| 重加算税 | ● 仮装隠ぺいがあった場合 | ● 過少申告加算税・不納付加算税に代えて：35%・無申告加算税に代えて：40% |

A　修正申告等の提出時期が法定申告期限等の翌日から調査通知日まで
B　修正申告等の提出時期が調査通知後から調査による更生等予知前まで

＊　期限後申告等があった日前5年以内に同じ税目に対して無申告加算税または重加算税が課せられた（徴収された）ことがある場合は、更に10%を加えた税率になります

## ●延滞税（利子相当額）について

　相続税の修正申告を行った場合、追加の相続税を納付した際に算出される**延滞税**については、修正申告書を提出した日が納期限となり、その**納期限の翌日から2か月以内**に納付した場合は**年2.4%**の税率が適用され、**2か月を超えて**から納付した場合は**年8.7%**の税率が適用されることになります（毎年決定される特例基準割合により変更あり）。

　また、修正申告の提出日が本来の相続税の申告期限より1年以上経過している場合、その1年間だけ上記の2か月以内の税率が適用され、**1年を超えてから修正申告の提出日までは「除算期間」**として延滞税は計算されません（ただし、重加算税などの場合は例外あり）。いずれにしても本来の相続税の申告期限より延滞税が発生しますので、1日でも早く納付した方が得策です。本来の相続税申告を正しく漏れのないように期限内申告を心がけましょう。

巻末資料

## 相続親族図

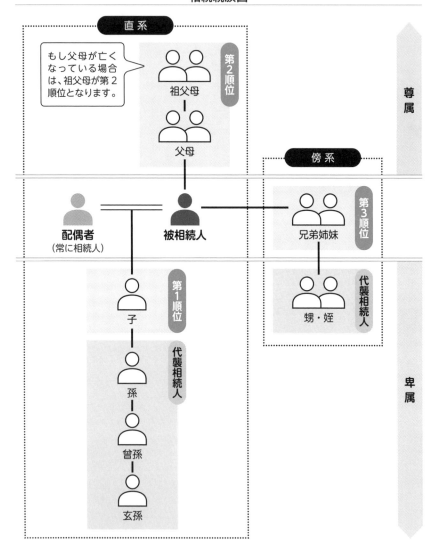

- 死亡した人の配偶者は常に相続人となり、配偶者以外は第1順位からの順序で配偶者とともに相続人となります。
- 直系とは世代の上下方向に親子関係でつながる系統で、傍系とは兄弟姉妹によって枝分かれした系統のことです。
- 尊属、卑属は、この図では被相続人からみた前の世代の血族を尊属といい、後ろの世代の血族を卑属といいます。
- 代襲相続では、子も孫も亡くなっている場合は、ひ孫、玄孫（やしゃご）……と相続権が送られていきます。ただし、兄弟姉妹の代襲相続は甥・姪までです。

# 財産明細一覧表

## 預貯金

年　月現在

| 金融機関名 | 支店名 | 種目（別） | 口座番号 | 口座名義人 | 金額（現在残高） | 備考 |
|---|---|---|---|---|---|---|
| | | | | | | |
| | | | | | | |
| | | | | | | |
| | | | | | | |
| | | | | | | |

## 有価証券

| 証券会社名 | 支店名 | 銘柄 | （株・口）数 | 名義人 | 備考 |
|---|---|---|---|---|---|
| | | | | | |
| | | | | | |
| | | | | | |
| | | | | | |
| | | | | | |

## 土地・建物など

| 不動産の種類 | 所在地 | 所有者・名義人 | 構造・地目 | 面積（㎡） | 固定資産税評価額 | 抵当有無 |
|---|---|---|---|---|---|---|
| | | | | | | |
| | | | | | | |
| | | | | | | |
| | | | | | | |
| | | | | | | |

## 借入金

| 金融機関名 | 支店名 | 借入年月日 | 当初借入金 | 借入期間 | 借入名義人 | 月(年)返済金 | 備考 |
|---|---|---|---|---|---|---|---|
| | | | | | | | |
| | | | | | | | |
| | | | | | | | |
| | | | | | | | |
| | | | | | | | |

## その他財産

| 財産の種類 | 名称 | 数量 | 概算評価額 | 備考（1） | 備考（2） |
|---|---|---|---|---|---|
| | | | | | |
| | | | | | |
| | | | | | |
| | | | | | |
| | | | | | |

# 財産債務調書合計表

税務署長

_____ 年 _____ 月 _____ 日

**令和 □□ 年12月31日分　財産債務調書合計表**

FA6003

| 住所又は事業所事務所居所など | 〒 □□□ □□□□ |
|---|---|

| 個人番号 | |
|---|---|
| フリガナ | |
| 氏名 | |
| 性別 男 女 | 職業 | 電話番号(自宅・勤務先・携帯) |
| 生年月日 | | 国外財産調書の提出有 ◯ |

整理番号 

受付印

| 財産の区分 | | 財産の価額又は取得価額 百万 千 円 | 財産の区分 | | 財産の価額又は取得価額 百万 千 円 |
|---|---|---|---|---|---|
| 土　地 | ① | | 書画骨とう美術工芸品 | ⑮ | |
| 建　物 | ② | | 貴金属類 | ⑯ | |
| 山　林 | ③ | | 動　産 (④、⑮、⑯以外) | ⑰ | |
| 現　金 | ④ | | 保険の契約に関する権利 | ⑱ | |
| 預貯金 | ⑤ | | そ の 他 の 財 産 | 株式に関する権利 | ⑲ | |
| 有価証券 | 上場株式 | ⑥ | | 預託金等 | ⑳ | |
| | 取得価額 | ㋐ | | 組合等に対する出資 | ㉑ | |
| 特定有価証券を除く | 非上場株式 | ⑦ | | 信託に関する権利 | ㉒ | |
| | 取得価額 | ㋑ | | 無体財産権 | ㉓ | |
| | 株式以外の有価証券 | ⑧ | | 暗号資産 | ㉔ | |
| | 取得価額 | ㋒ | | その他の財産 (上記以外) | ㉕ | |
| 特定有価証券※ | | ⑨ | | 国外財産調書に記載した国外財産の価額の合計額 | ㉖ | |
| 匿名組合契約の出資の持分 | | ⑩ | | 財産の価額の合計額 | ㉗ | |
| | 取得価額 | ㋓ | | 国外財産調書に記載した国外転出特例対象財産の価額の合計額 | ㉘ | |
| 未決信用取引等に係る権利 | | ⑪ | | 国外転出特例対象財産の価額の合計額 ④+⑦+⑧+⑨+⑩+⑪+⑫ | ㉙ | |
| | 取得価額 | ㋔ | | **債務の区分** | | **債務の金額** |
| 未決済デリバティブ取引に係る権利 | | ⑫ | | 借入金 | ㉚ | |
| | 取得価額 | ㋕ | | 未払金 | ㉛ | |
| 貸付金 | | ⑬ | | その他の債務 | ㉜ | |
| 未収入金 | | ⑭ | | 債務の金額の合計額 | ㉝ | |

備考（訂正等で再提出する場合はその旨ご記載ください。）

| 税理士署名 | |
|---|---|
| 電話番号 | _____ － _____ － _____ |

| 整理欄 | 通信日付印 | 確認 | 異動 年 月 日 | 身元確認 |
|---|---|---|---|---|
| | | | 年 月 日 | |
| | 枚数 枚 | 区　分 | | |
| | | A B C D E F G H I | | |

(R3.4)

※詳しくは国税庁のホームページを参照。

222

# 財産債務調書

整理番号 □□□□□□□

## 令和□□年12月31日分　　財産債務調書

| 財産債務を | 住　所 (又は事業所、事務所、居所など) | | | | | | |
|---|---|---|---|---|---|---|---|
| 有　す　る　者 | 氏　　　名 | | | | | | |
| | 個人番号 □□□□□□□□□□□□ | | | | 電話番号 (自宅・勤務先・携帯) －　－ | | |

| 財産債務の区分 | 種　類 | 用途 | 所　在 | 数　量 | (上段は有価証券等の取得価額) 財産の価額又は債務の金額 | 備　考 |
|---|---|---|---|---|---|---|
| | | | | | 円 | |
| | | | | | 円 | |
| | | | | | | |
| | | | | | | |
| | | | | | | |
| | | | | | | |
| | | | | | | |
| | | | | | | |
| | | | | | | |
| | | | | | | |
| | | | | | | |
| | | | | | | |
| | | | | | | |
| | | | | | | |
| | | | | | | |
| | | | | | | |
| | | | | | | |
| | | | | | | |
| | | | | | | |
| | | | | | | |
| | | | | | | |

| 国外財産調書に記載した国外財産の価額の合計額 (うち国外転出特例対象財産の価額の合計額 (　　　　　) 円 (合計表㉘へ)) | | 合計表㉙へ |
|---|---|---|
| 財産の価額の合計額 | 合計表㉗へ | 債務の金額の合計額 | 合計表㉝へ |

(摘要)

（　　　　　）枚のうち1枚目　　　通信日付印 (年月日) (　・　・　)

(R4.1)

# 贈与契約書

贈与者＿＿＿＿＿＿＿（以下、甲という）と受贈者＿＿＿＿＿＿＿（以下、乙という）との間で、以下のとおり贈与契約を締結した。

記

第1条　甲は乙に対し、甲所有の下記株式を贈与（譲渡）することとし、乙はこれを承諾した。

　　　株式の種類　　　○○○○株式会社の普通株式
　　　株式の数量　　　○○株（株券の記号番号　○○○～○○○）

　なお、○○○○株式会社の定款に「株式を譲渡するには、株主総会の承認を得なければならない」と記載されているので、○○○○株式会社の株主総会の承認をもって上記株式の権利は乙に移転するものとする。

　上記のとおり契約が成立したので、これを証するため、本契約書2通を作成し、甲乙各1通を保有するものとする。

以上

令和＿＿年＿＿月＿＿日

住所　＿＿＿＿＿＿＿＿＿＿＿＿＿＿＿

　　　贈与者（甲）氏名＿＿＿＿＿＿＿＿＿＿＿印

住所　＿＿＿＿＿＿＿＿＿＿＿＿＿＿＿

　　　受贈者（乙）氏名＿＿＿＿＿＿＿＿＿＿＿印

# 贈与契約書

贈与者＿＿＿＿＿＿＿（以下、甲という）と受贈者＿＿＿＿＿＿＿（以下、乙という）との間で、以下のとおり贈与契約を締結した。

記

第1条　甲は、現金＿＿＿＿＿万円を乙に贈与するものとし、乙はこれを承諾した。

第2条　甲は、第1条に基づき贈与した現金を、令和＿＿年＿＿月＿＿日までに、乙が指定する銀行預金口座に振り込むものとする。ただし、振込手数料は甲の負担とする。

　この契約を締結する証として、この証書2通を作成し、甲乙双方および法定代理人が記名捺印のうえ、各1通およびその写しを保有するものとする。

以上

令和＿＿＿年＿＿月＿＿日

住所　＿＿＿＿＿＿＿＿＿＿＿＿＿＿＿＿

　　贈与者（甲）氏名＿＿＿＿＿＿＿＿＿＿＿＿　印

住所　＿＿＿＿＿＿＿＿＿＿＿＿＿＿＿＿

　　受贈者（乙）氏名＿＿＿＿＿＿＿＿＿＿＿＿　印

住所　＿＿＿＿＿＿＿＿＿＿＿＿＿＿＿＿

（乙の法定代理人親権者父）氏名＿＿＿＿＿＿＿＿＿＿　印

住所　＿＿＿＿＿＿＿＿＿＿＿＿＿＿＿＿

（乙の法定代理人親権者母）氏名＿＿＿＿＿＿＿＿＿＿　印

### 贈与契約書

贈与者＿＿＿＿＿＿（以下、甲という）と受贈者＿＿＿＿＿＿（以下、乙という）との間で、以下のとおり贈与契約を締結した。

記

第1条　甲は、現金＿＿＿＿＿万円を乙に贈与するものとし、乙はこれを承諾した。

第2条　甲は、第1条に基づき贈与した現金を、令和＿＿年＿＿月＿＿日までに、乙が指定する銀行預金口座に振り込むものとする。ただし、振込手数料は甲の負担とする。

　この契約を締結する証として、この証書2通を作成し、甲および乙の法定代理人が記名捺印のうえ、各1通およびその写しを保有するものとする。

以上

令和＿＿＿年＿＿月＿＿日

住所　＿＿＿＿＿＿＿＿＿＿＿＿＿＿＿＿＿＿

贈与者（甲）氏名＿＿＿＿＿＿＿＿＿＿＿＿＿＿印

住所　＿＿＿＿＿＿＿＿＿＿＿＿＿＿＿＿＿＿

（乙の法定代理人親権者父）氏名＿＿＿＿＿＿＿印

住所　＿＿＿＿＿＿＿＿＿＿＿＿＿＿＿＿＿＿

（乙の法定代理人親権者母）氏名＿＿＿＿＿＿＿印

# 遺言書

1、私は、私の保育する別紙目録1の財産を
　　長女○○○○（昭和○年○月○日生まれ）に相続させる。

2、私は、私の保育する別紙目録2の財産を
　　次女○○△△（昭和○年○月○日生まれ）に相続させる。

3、付言事項
　　私は○○と△△に遺産を半分ずつ分けることにしたが、○○には○○家を継いでもらいたいので、不動産を含めて相続してもらい、△△には教育資金のために活用してもらいたいので、多少の差はあるが二人には納得してもらいたい。
　　これまでのように仲良く、いつまでも仲良く暮らして欲しい。

令和○年○月○日

○○県○○市○○町○○番地○

○○○○　印

1／3

## 目録1

```
目録1

1. 私が保有するすべての不動産

2. 下記に記載される金融機関の預金口座
　　○○○○農業協同組合　○○支所　普通預金　口座番号○○○○○○○
　　○○銀行　○○支店　普通預金　口座番号○○○○○○
　　○○銀行　○○支店　普通預金　口座番号○○○○○○
　　○○信用金庫　○○支店　普通預金　口座番号○○○○○○

3. 下記に記載される株式
　　○○株式会社　○○○○（株）

○○○○　印

2／3
```

## 目録2

```
目録2

1. 下記に記載される金融機関の預金口座
　　□□銀行　□□支店　普通預金　口座番号○○○○○○
　　□□銀行　□□支店　定期預金　口座番号○○○○○○
　　□□信用金庫　□□支店　定期預金　口座番号○○○○○○

○○○○　印

3／3
```

※自筆証書遺言は、自筆のみ有効となります。目録はパソコンでも作成可能です。

別記第2号様式（第10条関係）　　　　申請年月日 令和 □□ 年 □□ 月 □□ 日

遺言書保管所の名称 [＿＿＿＿＿＿＿] （地方）法務局　　　　支局・出張所

## 遺言書の保管申請書

【遺言者欄】※保管の申請をする遺言者の氏名，住所等を記入してください。また，該当する□にはレ印を記入してください。

| 遺言書の作成年月日 | | □ 1：令和／2：平成／3：昭和 □□ 年 □□ 月 □□ 日 |
|---|---|---|
| 遺言者の氏名 | 姓 | □□□□□□□□□□□□□□□ |
| | 名 | □□□□□□□□□□□□□□□ |
| 遺言者の氏名（フリガナ） | セイ | □□□□□□□□□□□□□□□ |
| | メイ | □□□□□□□□□□□□□□□ |
| 遺言者の出生年月日 | | □ 1：令和／2：平成／3：昭和／4：大正／5：明治 □□ 年 □□ 月 □□ 日 |
| 遺言者の住所 | 〒 | □□□ － □□□□ |
| | 都道府県市区町村大字丁目 | [＿＿＿＿＿＿＿＿＿＿＿＿＿＿] |
| | 番地 | □□□□□□□□□□□□□□□ |
| | 建物名 | □□□□□□□□□□□□□□□ |
| 遺言者の本籍 | 都道府県 | □□□□□ 市区町村 □□□□□□□□□□ |
| | 大字丁目 | □□□□□□□□□□□□□□□ |
| | 番地 | □□□□□□□□□□□□□□□ |
| 筆頭者の氏名 (注)筆頭者が遺言者と異なる場合は，記入してください。 | | □ 遺言者と同じ |
| | 姓 | □□□□□□□□□□□□□□□ |
| | 名 | □□□□□□□□□□□□□□□ |
| 遺言者の国籍（国又は地域）(注)外国人の場合のみ記入してください。 | コード □□ | 国名・地域名 [＿＿＿＿＿＿＿＿] |
| 遺言者の電話番号 (注)ハイフン(－)は不要です。 | | □□□□□□□□□□□ |

QRコード　1001　　　　　ページ数 1／

※詳しくは法務省のホームページを参照。

# 遺言書の保管申請書　遺言者本人の確認・記入欄等

【遺言者本人の確認・記入等欄】※以下の事項について，全て確認の上，記入してください。また，該当する☐にはレ印を記入してください。

☐ 遺言者が所有する不動産の所在地を管轄する遺言書保管所に保管の申請をする。

(注)不動産の所在地を記入してください。

都道府県 ☐☐　市区町村 ☐☐☐☐☐☐☐☐☐☐☐

大字丁目 ☐☐☐☐☐☐☐☐☐☐☐☐☐☐

番地 ☐☐☐☐☐☐☐☐☐☐☐☐☐☐

☐ 申請に係る遺言書は，私が作成した民法第９６８条の自筆証書による遺言書に相違ない。

☐ 現在，遺言書保管所に他の遺言書が保管されている。

① 他の遺言書が保管されている場合は，その保管番号を記入してください。

(注)複数ある場合には，備考欄に記入してください。

保管番号 H ☐☐☐☐ － ☐☐☐☐☐ － ☐☐☐☐☐☐☐☐ － ☐☐

② 上記①の遺言書が保管された後，氏名，出生年月日，住所，本籍(外国人にあっては，国籍(国又は地域))又は筆頭者の氏名に変更があった場合は，その変更内容を記入してください。

変更内容

☐ 上記①の保管番号の遺言書について，上記②の変更内容に基づく変更届出を行う。

(注)変更を証する書類を添付してください。

手数料の額　　　　金３，９００円

遺言者の署名又は記名押印

備考欄

遺言書の総ページ数 ☐ ページ

1002

ページ数 2／

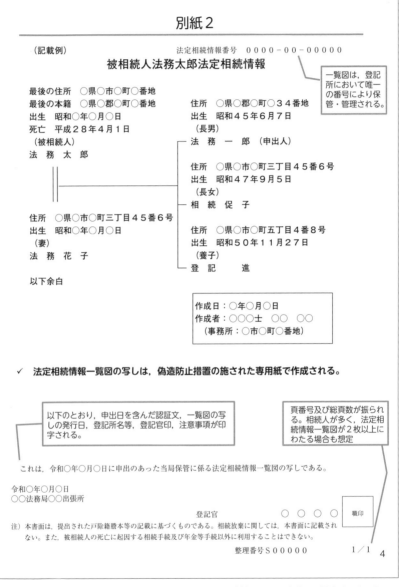

## 別紙2

（記載例）

法定相続情報番号 ０ ０ ０ ０ － ０ ０ － ０ ０ ０ ０ ０

### 被相続人法務太郎法定相続情報

一覧図は，登記所において唯一の番号により保管・管理される。

最後の住所 ○県○市○町○番地
最後の本籍 ○県○郡○町○番地
出生 昭和○年○月○日
死亡 平成２８年４月１日
（被相続人）
法 務 太 郎

住所 ○県○郡○町○３４番地
出生 昭和４５年６月７日
（長男）
法 務 一 郎 （申出人）

住所 ○県○市○町三丁目４５番６号
出生 昭和４７年９月５日
（長女）
相 続 促 子

住所 ○県○市○町三丁目４５番６号
出生 昭和○年○月○日
（妻）
法 務 花 子

住所 ○県○市○町五丁目４番８号
出生 昭和５０年１１月２７日
（養子）
登 記 進

以下余白

作成日：○年○月○日
作成者：○○○士 ○○ ○○
（事務所：○市○町○番地）

✓ **法定相続情報一覧図の写しは，偽造防止措置の施された専用紙で作成される。**

以下のとおり，申出日を含んだ認証文，一覧図の写しの発行日，登記所名等，登記官印，注意事項が印字される。

頁番号及び総頁数が振られる。相続人が多く，法定相続情報一覧図が２枚以上にわたる場合も想定

これは，令和○年○月○日に申出のあった当局保管に係る法定相続情報一覧図の写しである。

令和○年○月○日
○○法務局○○出張所

登記官 ○ ○ ○ ○ ［職印］

注）本書面は，提出された戸除籍謄本等の記載に基づくものである。相続放棄に関しては，本書面に記載されない。また，被相続人の死亡に起因する相続手続及び年金等手続以外に利用することはできない。

整理番号Ｓ０００００ 　　 １／１ 　 ４

※法定相続情報一覧図（別紙１・P193参照）を作成し，申出書等とともに法務局に提出すると，上の一覧図の写し（別紙２）が交付されます。これをもって各種の相続手続きへの利用が可能となります。
※詳しくは法務省のホームページを参照。

遺産分割協議書

　被相続人●●●●（令和○年○月○日死亡、最後の住所○○県○○市○○町○○番地○の遺産については、同人の相続人等全員において分割協議を行った結果、各人がそれぞれ次のとおり遺産を分割し、取得することができた。

1. 相続人●●▲▲が取得する財産
   (1) ○○県○○市○町○○番地○　宅地　　○○○㎡
   (2) ○○県○○市○町○○番地○　木造瓦葺２階建　居宅　自家用　　○○○㎡
   (3) 普通預金　○○信用金庫○○支店　　○○○○円
   (4) 現金　手許現金　　○○○○円
   (5) 県民共済出資金返戻金　○○県○○生活協同組合
   (6) 後期高齢者医療保険還付金　○○市

2. 相続人●●■■が取得する財産
   (1) 現金　手許現金

3. 相続人●●▲▲は、被相続人●●●●の次の債務を承継する。
   (1) ○○市　令和○年度分住民税　　○○○○円
   (2) ○○市　令和○年度○〜○期固定資産税　　○○○○円
   (3) ○○市　国民健康保険税令和○年度　　○○○○円
   (4) ○○市　上下水道管理者　○○○○円
   (5) ○○電力　電気料金○〜○月分　　○○○○円
   (6) ○○（株）電話料金○月分　　○○○○円
   (7) ○○ガス（株）○○営業所　ガス料金○〜○使用分
   (8) 医療法人○○病院　入院治療代　　○○○○円

**重要！**

4. 補記事項
   上記の他に財産および債務が確認された場合、相続人●●▲▲がそのすべてを取得継承する。

　上記のとおり相続人全員による遺産分割の協議が成立したので、これを証するため本書を作成し、次に各自自署押印する。

　令和○年○月○日

　　　　　　　　　　　　　　　　　　　○○県○○市○○町○○番地○
　　　　　　　　　　　　　　　　　　　　●●▲▲　印
　　　　　　　　　　　　　　　　　　　○○県○○市○○町○○番地○
　　　　　　　　　　　　　　　　　　　　●●■■　印

# 金銭納付を困難とする理由書

(相続税延納・物納申請用)

令和　　年　　月　　日

税務署長　殿

住　所　＿＿＿＿＿＿＿＿＿＿＿＿＿

氏　名　＿＿＿＿＿＿＿＿＿＿＿＿＿

令和　　年　　月　　日付相続（被相続人　　　　　　　　　）に係る相続税の納付については、
納期限までに一時に納付することが困難であり、その納付困難な金額は次の表の計算のとおり
延納によっても金銭で納付することが困難であり、
であることを申し出ます。

| | | | | 円 |
|---|---|---|---|---|
| 1 | 納付すべき相続税額 (相続税申告書第1表の㉚の金額) | A | | 円 |
| 2 | 納期限 (又は納付すべき日) までに納付することができる金額 | B | | 円 |
| 3 | 延納許可限度額 | 【A-B】 | C | 円 |
| 4 | 延納によって納付することができる金額 | | D | 円 |
| 5 | 物納許可限度額 | 【C-D】 | E | 円 |

| | | | | |
|---|---|---|---|---|
| 2 納期限(又は納付すべき日)までに納付することができる金額の計算 | (1) 相続した現金・預貯金等 | (イ＋ロ－ハ) | 【　　　　円】 | |
| | イ　現金・預貯金 (相続税申告書第15表の金額) | (　　　　円) | | |
| | ロ　換価の容易な財産 (相続税申告書第11表・第15表該当の金額) | (　　　　円) | | |
| | ハ　支払費用等 | (　　　　円) | | |
| | 　内訳　相続債務 (相続税申告書第15表の金額) | [　　　　円] | | |
| | 　　　　葬式費用 (相続税申告書第15表の金額) | [　　　　円] | | |
| | 　　　　その他 (支払内容：　　) | [　　　　円] | | |
| | 　　　　　　　(支払内容：　　) | [　　　　円] | | |
| | (2) 納税者固有の現金・預貯金等 | (イ＋ロ＋ハ) | 【　　　　円】 | |
| | イ　現金 | (　　　　円) | ←裏面①の金額 | |
| | ロ　預貯金 | (　　　　円) | ←裏面②の金額 | |
| | ハ　換価の容易な財産 | (　　　　円) | ←裏面③の金額 | |
| | (3) 生活費及び事業経費 | (イ＋ロ) | 【　　　　円】 | |
| | イ　当面の生活費 (3月分) うち申請者が負担する額 | (　　　　円) | ←裏面⑪の金額×3/12 | |
| | ロ　当面の事業経費 | (　　　　円) | ←裏面⑭の金額×1/12 | |
| | 　　　Bへ記載する | 【(1)＋(2)－(3)】 | B 【　　　　円】 | |

| | | | | |
|---|---|---|---|---|
| 4 延納によって納付することができる金額の計算 | (1) 経常収支による納税資金 (イ×延納年数 (最長20年))＋ロ | 【　　　　円】 | | |
| | イ　裏面④－ (裏面⑪＋裏面⑭) | (　　　　円) | | |
| | ロ　上記2 (3)の金額 | (　　　　円) | | |
| | (2) 臨時的収入 | 【　　　　円】 | ←裏面⑮の金額 | |
| | (3) 臨時的支出 | 【　　　　円】 | ←裏面⑯の金額 | |
| | 　　　Dへ記載する | 【(1)＋(2)－(3)】 | D 円 | |

添付資料
☐　前年の確定申告書(写)・収支内訳書(写)
☐　前年の源泉徴収票(写)
☐　その他 (　　　　　　　　　　　　　　　　　　　　)

※詳しくは国税庁のホームページを参照。

# 金銭納付を困難とする理由書（裏面）

(裏面)

## 1 納税者固有の現金・預貯金その他換価の容易な財産

| 手持ちの現金の額 | | | ① | 円 |
|---|---|---|---|---|
| 預貯金の額 | /　（　　　　　円） | /　（　　　　　円） | ② | 円 |
| | /　（　　　　　円） | /　（　　　　　円） | | |
| 換価の容易な財産 | （　　　　　円） | （　　　　　円） | ③ | 円 |
| | （　　　　　円） | （　　　　　円） | | |

## 2 生活費の計算

| | | | |
|---|---|---|---|
| 給与所得者等：前年の給与の支給額 | ④ | | 円 |
| 事業所得者等：前年の収入金額（相続財産から発生する地代収入がある場合を含む） | | | |
| 申請者　　　　　100,000 円　×　12 | ⑤ | | 1,200,000 円 |
| 配偶者その他の親族　（　　　人）×45,000 円　×　12 | ⑥ | | 円 |
| 給与所得者：源泉所得税、地方税、社会保険料（前年の支払額） | ⑦ | | 円 |
| 事業所得者：前年の所得税、地方税、社会保険料の金額 | | | |
| 生活費の検討に当たって加味すべき金額<br>〔加味した内容の説明・計算等　　　　　　　　　　　〕 | ⑧ | | 円 |
| 　　　　生活費（1年分）の額　　（⑤＋⑥＋⑦＋⑧） | ⑨ | | 円 |

## 3 配偶者その他の親族の収入

| 氏名　　　　　（続柄　　　） | 前年の収入　（　　　　　円） | ⑩ | 円 |
|---|---|---|---|
| 氏名　　　　　（続柄　　　） | 前年の収入　（　　　　　円） | | |
| 申請者が負担する生活費の額　⑨×（④/（④＋⑩）） | | ⑪ | 円 |

## 4 事業経費の計算

| 前年の事業経費（収支内訳書等より）の金額 | ⑫ | 円 |
|---|---|---|
| 経済情勢等を踏まえた変動等の調整金額<br>〔調整した内容の説明・計算等　　　　　　　　　　　〕 | ⑬ | 円 |
| 　　　　事業経費（1年分）の額　　（⑫＋⑬） | ⑭ | 円 |

## 5 概ね1年以内に見込まれる臨時的な収入・支出の額

| 臨時的収入 | | 年　月頃（　　　　　円） | ⑮ | 円 |
|---|---|---|---|---|
| | | 年　月頃（　　　　　円） | | |
| 臨時的支出 | | 年　月頃（　　　　　円） | ⑯ | 円 |
| | | 年　月頃（　　　　　円） | | |

著者紹介

## 吉田 信昭 （よしだ・のぶあき）

日本クレアス税理士法人 高崎本部 吉田会計 会長

- 1948年群馬県前橋市生まれ（1976年群馬県高崎市移住）
- 1967年群馬県立前橋商業高等学校卒業
- 1967年調理師免許取得
- 1969年富士短期大学経済学部卒業
- 1972年税理士試験合格
- 1977年税理士登録・開業、行政書士登録・開業
- 1985年社会保険労務士登録・開業
- 1994年公認ファイナンシャルプランナー（CFP）資格
- 1998年宅地建物取引士資格
- 2006年証券外務員（二種）資格
- 2011年農業経営アドバイザー資格
- 2012年米国公認内部監査人（CIA）資格
- 2020年東京都千代田区霞ヶ関に本社のある大手の
　　　　税理士法人グループの一つである
　　　　日本クレアス税理士法人グループと経営統合

税理士事務所の開業以来、事業運営に必要な周辺業務を
ワンストップで対応できるよう、各種資格を取得し、
関連業務までサポートできるよう体制を整え業務を実施。
現在、日本クレアス税理士法人高崎本部吉田会計および
日本クレアス社会保険労務士法人高崎本部吉田労務、
並びに日本クレアス行政書士法人高崎本部の運営に携わり、
経営者のさまざまな課題に対して1つの窓口（ワンストップ）
でトータル的にサポートを行っている。
経営者向けやFP資格受験者向けのセミナーおよび
相続対策講演会など講演実績多数。
著書に『経営者が知るべき基礎知識と仕組みがよくわかる本』
（現代書林）がある。
趣味はカラオケ、ボウリング、ゴルフ、アーチェリー、
楽器演奏（ドラム、ギター、ピアノ）、映画鑑賞。

日本クレアス税理士法人 高崎本部 吉田会計
https://g-creas.com

相続の事前と事後の準備・手続・対策がよくわかる本

2023 年 8 月 15 日　初版第 1 刷

著　者 ——————— 吉田信昭

発行者 ——————— 松島一樹

発行所 ——————— 現代書林

〒162-0053　東京都新宿区原町 3-61 桂ビル

TEL ／代表　03 (3205) 8384

振替 00140-7-42905

http://www.gendaishorin.co.jp/

デザイン ——————— 中曽根デザイン

印刷・製本：(株) シナノパブリッシングプレス
乱丁・落丁はお取り替えいたします。

定価はカバーに
表示してあります。

ISBN978-4-7745-1983-8 C0032